国家创新指数报告 | 2021

中国科学技术发展战略研究院 著

科学技术文献出版社
·北京·

图书在版编目（CIP）数据

国家创新指数报告. 2021 / 中国科学技术发展战略研究院著. —北京：科学技术文献出版社，2021.12
ISBN 978-7-5189-8890-7

Ⅰ.①国… Ⅱ.①中… Ⅲ.①国家创新系统—研究报告—中国—2021 Ⅳ.① F204 ② G322.0

中国版本图书馆 CIP 数据核字（2021）第 279443 号

国家创新指数报告2021

策划编辑：李 蕊 郝迎聪	责任编辑：王 培 责任校对：王瑞瑞 责任出版：张志平
出 版 者	科学技术文献出版社
地 址	北京市复兴路15号 邮编 100038
编 务 部	（010）58882938，58882087（传真）
发 行 部	（010）58882868，58882870（传真）
邮 购 部	（010）58882873
官方网址	www.stdp.com.cn
发 行 者	科学技术文献出版社发行 全国各地新华书店经销
印 刷 者	北京时尚印佳彩色印刷有限公司
版 次	2021年12月第1版 2021年12月第1次印刷
开 本	889×1194 1/16
字 数	167千
印 张	7.25
书 号	ISBN 978-7-5189-8890-7
定 价	86.00元

版权所有 违法必究

购买本社图书，凡字迹不清、缺页、倒页、脱页者，本社发行部负责调换

国家创新指数报告 2021

编辑委员会

主　任： 刘冬梅　张　旭　梁颖达
副主任： 孙福全　郭　戎　邢怀滨
委　员： 玄兆辉　秦浩源　陈志军

编写组

组　长： 玄兆辉　陈　钰
成　员：（以姓氏笔画排序）

　　　　　玄兆辉　朱迎春　刘辉锋　孙云杰
　　　　　张　洁　陈　钰　胡　月　袁立科
　　　　　韩佳伟　谭天骄

前 言

创新是引领发展的第一动力。当前，世界新冠肺炎疫情影响广泛深远，经济复苏面临严峻挑战，气候变化加剧全球危机。科技创新成为世界各国谋发展、促转型、合作解决全球性挑战的重要途径。中国把创新摆在国家发展全局的核心位置，大力实施创新驱动发展战略。2006 年，《国家中长期科学和技术发展规划纲要（2006—2020 年）》提出"提高自主创新能力、建设创新型国家"的战略目标。2016 年，《国家创新驱动发展战略纲要》确定了我国"进入创新型国家行列、跻身创新型国家前列、建成世界科技创新强国"的三步走战略目标。在此基础上，党的十九大进一步做出加快建设创新型国家和世界科技强国的战略部署。

为了监测和评价创新型国家建设进程，中国科学技术发展战略研究院从 2006 年起开展了国家创新指数的研究工作。《国家创新指数报告》自 2011 年以来已经发布了 10 期。根据《国家创新调查制度实施办法》的部署要求，《国家创新指数报告》是国家创新调查制度系列报告之一，是国家层面创新能力评价报告。研究显示，中国综合创新能力国际排名从 2006 年的第 25 位上升至 2020 年的第 14 位，创新型国家建设取得决定性成就。报告相关结果为政府和学界客观认识我国创新发展水平提供了基本依据。

《国家创新指数报告 2021》是本系列报告的第 11 期。报告借鉴国内外关于国家竞争力和创新评价等方面的理论与方法，从创新资源、知识创造、企业创新、创新绩效和创新环境 5 个方面构建了国家创新指数的指标体系。国家创新指数由 5 个一级指标和 30 个二级指标组成。

当前，中国发展进入新阶段，创新型国家建设朝着跻身创新型国家前列的目标迈进，建设世界科技强国的号角已经吹响。相比上期，对本期报告的评价指标体系进行了相应的优化完善：一是为反映国家科技自立自强水平和高质量发展的导向，增加了"基础研究经费占全社会研发经费的比重""世界大学排名 TOP 500 上榜高校平均得分""高被引论文数量占本国论文数的比重"等指标，体现国家的基础研究能力和国际影响力；二是为更加全面地反映知识产权产出及其转化效益，减少了科学论文和专利产出的数量指标，增加了"工业增加值平均工业设计注册申请数""知识产权使用费收入占服务业出口额比重"指标，体现知识产出价值；三是为全面反映科技创新驱动经济社会发展成效，增加了"单位 CO_2 排放的经济产出""高技术和中高技术产业增加值占制造业增加值比重"指标，体现科技创新助力碳排放、产业发展的绩效；四是对创新环境指标进行了优化精减，增加了"亿美元 GDP 外商直接投资净流入"指标。

本报告继续选用40个科技创新活动活跃的国家（其R&D经费投入之和占全球总量95%以上）作为研究对象；采用国际上通用的标杆分析法测算国家创新指数；所用数据均来自各国政府或国际组织的数据库和出版物，具有国际可比性和权威性。报告以2019年的统计调查数据为基础（正文中如无特别说明，指标值均为2019年数据，中国数据暂不包括港澳台地区）。

需要特别说明的是，由于指标体系的系统调整，本期国家创新指数排名与之前年份的指数排名不建议进行直接比较。如无特别说明，报告中关于"比上年排名上升（下降）"的分析，均为与新指标体系测算的上年结果比较。

监测与评价国家创新能力的变化，分析各国之间的差距，需要不断探索和深入研究。我们衷心希望通过国家创新指数年度系列报告，为社会提供一个认识各国创新发展的窗口。我们真诚希望得到各个方面专家学者的宝贵意见和建议，不断完善国家创新指数。

《国家创新指数报告2021》
编辑委员会

目 录

1 排名结果 001
综合排名结果 002
创新资源排名结果 003
知识创造排名结果 004
企业创新排名结果 005
创新绩效排名结果 006
创新环境排名结果 007

2 全球创新概览 009
3 个集团国家创新能力排名总体稳定 010
高收入国家创新表现总体优于中等收入国家 013
全球创新发展保持亚美欧三足鼎立格局 015

3 从主要指标看世界 017
创新资源 018
知识创造 022
企业创新 025
创新绩效 029
创新环境 032

4 从创新指数看中国 035
中国创新在世界中的位置 036
国家创新指数指标评价 044

5 国别分析 055

6 国家创新指数评价理论与方法 097
评价思路 098
指标体系 100
计算方法 102

7 附录 103
附录一 指标解释 104
附录二 数据来源 107

1 排名结果

综合排名结果
创新资源排名结果
知识创造排名结果
企业创新排名结果
创新绩效排名结果
创新环境排名结果

国家创新指数报告 2021

综合排名结果

国家	指数得分	2021 排名	上年排名
美国	100.0	1	1
瑞士	95.7	2	2
日本	89.9	3	3
韩国	88.4	4	4
荷兰	79.2	5	5
瑞典	78.9	6	6
以色列	76.9	7	7
丹麦	76.5	8	8
德国	75.5	9	9
新加坡	75.4	10	10
英国	71.6	11	11
爱尔兰	71.0	12	12
中国	70.8	13	13
芬兰	70.7	14	14
法国	69.9	15	15
挪威	67.8	16	16
奥地利	67.1	17	17
比利时	66.0	18	18
卢森堡	65.3	19	19
冰岛	62.0	20	20
新西兰	61.0	21	21
澳大利亚	60.5	22	22
意大利	57.1	23	23
匈牙利	56.9	24	24
加拿大	56.0	25	25
捷克	56.0	26	26
西班牙	55.6	27	27
斯洛文尼亚	53.8	28	28
葡萄牙	52.1	29	29
希腊	49.7	30	30
波兰	48.6	31	31
斯洛伐克	46.0	32	32
俄罗斯	44.1	33	33
罗马尼亚	43.9	34	34
土耳其	41.7	35	35
墨西哥	40.9	36	36
南非	40.5	37	37
阿根廷	36.4	38	38
巴西	35.5	39	39
印度	35.0	40	40

创新资源排名结果

排名	国家	指数得分（中位数64.2分）	上年排名	排名变化
1	美国	100.0	1	0
2	瑞士	96.3	2	0
3	韩国	93.3	3	0
4	丹麦	82.9	4	0
5	荷兰	81.1	5	0
6	新加坡	79.4	6	0
7	奥地利	79.2	8	1
8	日本	75.5	9	1
9	以色列	75.4	7	−2
10	澳大利亚	74.2	10	0
11	挪威	72.3	12	1
12	法国	72.1	13	1
13	希腊	71.3	11	−2
14	比利时	69.9	14	0
15	瑞典	68.7	18	3
16	德国	68.4	15	−1
17	英国	66.9	19	2
18	新西兰	66.8	17	−1
19	捷克	66.1	16	−3
20	芬兰	66.1	20	0
21	爱尔兰	62.3	21	0
22	冰岛	59.6	24	2
23	西班牙	59.5	22	−1
24	波兰	58.8	25	1
25	中国	58.4	27	2
26	意大利	58.3	23	−3
27	卢森堡	57.8	28	1
28	斯洛文尼亚	56.9	29	1
29	葡萄牙	56.3	26	−3
30	俄罗斯	53.9	30	0
31	加拿大	51.1	31	0
32	阿根廷	50.4	34	2
33	斯洛伐克	47.2	32	−1
34	墨西哥	44.6	33	−1
35	匈牙利	43.6	35	0
36	南非	35.5	37	1
37	巴西	31.9	39	2
38	土耳其	30.6	36	−2
39	罗马尼亚	28.6	38	−1
40	印度	26.0	40	0

上升　　下降　　持平

知识创造排名结果

排名	国家	指数得分（中位数 45.6 分）	上年排名	排名变化
1	韩国	100.0	2	1
2	美国	98.2	1	−1
3	中国	75.4	4	1
4	日本	72.0	3	−1
5	英国	62.6	6	1
6	斯洛文尼亚	59.7	7	1
7	冰岛	58.8	5	−2
8	荷兰	54.6	10	2
9	卢森堡	54.0	27	18
10	新加坡	53.9	9	−1
11	匈牙利	51.9	8	−3
12	瑞士	51.2	11	−1
13	罗马尼亚	50.2	13	0
14	新西兰	49.4	12	−2
15	法国	48.4	15	0
16	丹麦	48.1	16	0
17	瑞典	47.7	21	4
18	德国	47.0	23	5
19	比利时	45.8	19	0
20	爱尔兰	45.8	17	−3
21	意大利	45.4	31	10
22	葡萄牙	45.1	18	−4
23	挪威	44.5	22	−1
24	希腊	44.0	14	−10
25	以色列	43.5	20	−5
26	芬兰	43.4	25	−1
27	奥地利	41.4	30	3
28	西班牙	41.1	24	−4
29	澳大利亚	39.7	28	−1
30	南非	39.5	29	−1
31	土耳其	38.6	34	3
32	斯洛伐克	37.6	35	3
33	加拿大	37.1	32	−1
34	波兰	36.6	26	−8
35	捷克	35.1	33	−2
36	俄罗斯	28.0	36	0
37	印度	25.8	37	0
38	阿根廷	22.7	38	0
39	墨西哥	20.2	40	1
40	巴西	16.1	39	−1

上升　　下降　　持平

企业创新排名结果

排名	国家	指数得分（中位数 29.5 分）	上年排名	排名变化
1	日本	100.0	1	0
2	瑞士	75.3	3	1
3	美国	74.7	2	−1
4	以色列	63.1	4	0
5	韩国	61.4	5	0
6	荷兰	61.2	6	0
7	瑞典	57.3	8	1
8	德国	56.9	7	−1
9	芬兰	47.9	9	0
10	卢森堡	44.9	10	0
11	法国	41.0	11	0
12	丹麦	39.8	12	0
13	中国	38.0	14	1
14	奥地利	37.8	13	−1
15	比利时	36.7	15	0
16	英国	33.4	16	0
17	冰岛	33.4	19	2
18	加拿大	31.4	18	0
19	新加坡	30.2	23	4
20	匈牙利	29.5	17	−3
21	意大利	29.4	21	0
22	爱尔兰	29.4	20	−2
23	斯洛文尼亚	28.2	22	−1
24	挪威	26.5	24	0
25	捷克	25.0	25	0
26	土耳其	23.6	26	0
27	新西兰	22.8	27	0
28	澳大利亚	22.0	28	0
29	西班牙	20.8	30	1
30	波兰	20.0	29	−1
31	俄罗斯	19.9	31	0
32	葡萄牙	17.1	32	0
33	墨西哥	14.0	34	1
34	巴西	13.4	33	−1
35	南非	12.7	36	1
36	希腊	12.7	35	−1
37	斯洛伐克	11.0	37	0
38	印度	10.6	39	1
39	罗马尼亚	10.4	38	−1
40	阿根廷	6.4	40	0

上升　下降　持平

创新绩效排名结果

排名	国家	指数得分（中位数46.1分）	上年排名	排名变化
1	瑞士	100.0	1	0
2	爱尔兰	90.0	2	0
3	瑞典	76.8	3	0
4	丹麦	73.1	4	0
5	德国	65.8	6	1
6	挪威	64.5	5	−1
7	美国	64.3	7	0
8	以色列	60.2	11	3
9	法国	59.4	9	0
10	英国	59.2	10	0
11	新加坡	58.6	8	−3
12	比利时	54.4	13	1
13	荷兰	54.2	12	−1
14	日本	53.9	14	0
15	芬兰	52.4	15	0
16	奥地利	52.4	16	0
17	中国	52.2	17	0
18	意大利	48.7	18	0
19	韩国	47.5	20	1
20	西班牙	46.2	21	1
21	澳大利亚	46.0	19	−2
22	卢森堡	42.6	22	0
23	捷克	42.0	23	0
24	匈牙利	40.3	24	0
25	加拿大	39.7	25	0
26	新西兰	37.9	26	0
27	斯洛伐克	35.8	27	0
28	冰岛	32.9	28	0
29	罗马尼亚	32.8	32	3
30	墨西哥	32.7	31	1
31	巴西	32.6	30	−1
32	葡萄牙	32.2	29	−3
33	波兰	29.1	33	0
34	希腊	27.1	34	0
35	印度	25.4	36	1
36	阿根廷	21.5	35	−1
37	土耳其	20.8	37	0
38	南非	19.8	39	1
39	俄罗斯	19.7	38	−1
40	斯洛文尼亚	17.2	40	0

上升　　下降　　持平

创新环境排名结果

排名	国家	指数得分（中位数 76.2 分）	上年排名	排名变化
1	新加坡	100.0	1	0
2	芬兰	91.9	5	3
3	美国	89.8	2	−1
4	瑞士	88.4	19	15
5	荷兰	86.9	36	31
6	以色列	86.3	4	−2
7	瑞典	86.3	8	1
8	德国	84.2	6	−2
9	英国	83.7	7	−2
10	新西兰	83.7	10	0
11	丹麦	82.9	9	−2
12	日本	82.4	11	−1
13	挪威	81.7	13	0
14	冰岛	80.1	14	0
15	加拿大	79.9	12	−3
16	卢森堡	79.6	26	10
17	中国	78.4	16	−1
18	法国	77.8	15	−3
19	匈牙利	77.6	40	21
20	澳大利亚	76.3	17	−3
21	奥地利	76.0	21	0
22	爱尔兰	75.8	3	−19
23	韩国	75.3	18	−5
24	比利时	75.0	24	0
25	葡萄牙	71.8	20	−5
26	捷克	71.0	22	−4
27	西班牙	69.7	23	−4
28	斯洛文尼亚	67.9	25	−3
29	印度	67.4	27	−2
30	俄罗斯	66.8	28	−2
31	罗马尼亚	65.3	29	−2
32	南非	65.2	30	−2
33	斯洛伐克	64.8	31	−2
34	土耳其	64.4	32	−2
35	墨西哥	63.3	33	−2
36	波兰	63.1	34	−2
37	意大利	61.9	35	−2
38	巴西	57.6	37	−1
39	希腊	57.0	38	−1
40	阿根廷	54.5	39	−1

上升　下降　持平

2 全球创新概览

3 个集团国家创新能力排名总体稳定

高收入国家创新表现总体优于中等收入国家

全球创新发展保持亚美欧三足鼎立格局

国家创新指数报告 2021

3个集团国家创新能力排名总体稳定

国家创新指数是反映一个国家科学、技术和创新能力的综合指数。综合分析国家创新指数历年评价结果可以发现，评价的40个国家可划分为3个集团，综合指数排名前15位的国家主要为欧美和亚洲主要发达经济体，均为公认的创新型国家，属于第一集团，在世界创新格局中有较强的综合影响力。第16位至第30位主要为其他发达国家和少数新兴经济体，属于第二集团，创新发展有较强的特色。第30位以后多为发展中国家，属于第三集团。

总体来看，当前世界创新格局依然较为稳定。与上年相比，各国排名主要为集团内部小幅变化，仅有2个国家跨集团变动。第一集团国家包括：北美1席，为美国；亚洲5席，为日本、韩国、以色列、新加坡和中国；欧洲占据9席，为瑞士、荷兰、瑞典、丹麦、德国、英国、爱尔兰、芬兰和法国。第二集团国家也主要为欧洲国家，15个国家中有12个国家为欧洲国家，其他3个国家为新西兰、澳大利亚和加拿大。其中，匈牙利排名第24位，比上年上升7位，从上年的第三集团国家提升至第二集团。第三集团国家中，俄罗斯、阿根廷综合排名分别上升1位，波兰则比上年下降1位至第31位，从上年的第二集团国家下降为第三集团国家（图2-1）。

图 2-1 国家创新指数排名按 3 个集团分布

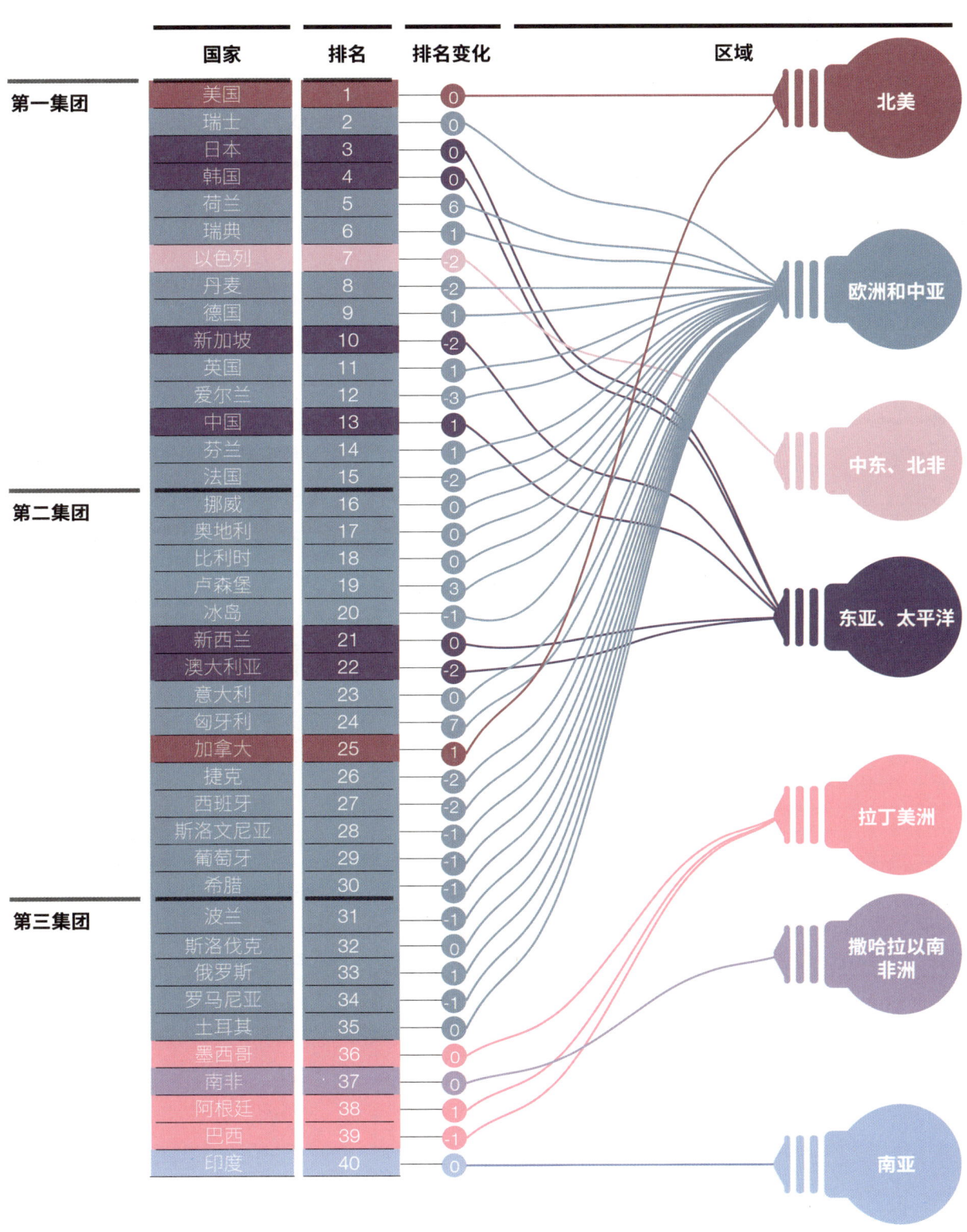

注：国家的洲际区域划分依据世界银行的划分标准。

比较来看，世界各国之间创新鸿沟依然明显，主要的研发活动和创新产出集中在第一集团国家。综合计算各国的人口、研发经费支出和 GDP 总量占全球的份额可以看到，第一集团国家的人口数量虽然仅占全球人口总量的 28.5%，但其研发经费支出却占全球的 86.0%，经济产出总量占全球的 63.7%。第二集团国家人口数量占全球人口总量的 3.2%，研发经费支出占全世界的 8.6%，经济产出总量占全球的 10.4%。第三集团国家人口数量占全球人口总量的 27.4%，但其研发经费支出仅占全世界的 4.9%，经济产出总量占全球的 11.7%（表 2-1）。

表 2-1
3 个集团国家主要指标在世界创新格局中的位置

第一集团国家

人口/万人	GDP/亿美元	人口占比	R&D 经费占比	GDP 占比
218 842	557 887	28.5%	86.0%	63.7%

第二集团国家

人口/万人	GDP/亿美元	人口占比	R&D 经费占比	GDP 占比
24 504	91 387	3.2%	8.6%	10.4%

第三集团国家

人口/万人	GDP/亿美元	人口占比	R&D 经费占比	GDP 占比
209 917	102 136	27.4%	4.9%	11.7%

高收入国家创新表现总体优于中等收入国家

国家创新指数得分与国家经济发展阶段密切相关。从图 2-2 可以看到，各国创新指数排名与人均 GDP 存在较为显著的正相关关系，即人均 GDP 越高的国家，其创新指数得分也相对较高。综合排名前 20 位的国家中，只有中国属于中高收入国家，其他均为高收入国家。多数国家落在图中趋势线的两侧附近，这是国家正常发展的路径。只有少数几个国家显著高于这个趋势线水平，包括美国、日本、韩国和中国。这些国家有一个相似的特点，即政府高度重视科学技术和创新战略在国家发展中的作用。美国实行确保在全球科技领域全面领先的战略，日本则更加重视技术立国和知识产权立国的发展战略，韩国保持高强度研发投入，扶持大企业集团在特定领域重点突破。中国政府将创新摆在国家发展战略全局的核心位置。

世界银行和国际货币基金组织等国际机构普遍采用人均 GDP 作为划分世界各经济体发展阶段的主要指标。从人均 GDP 指标看，与中国发展阶段相近的中高收入国家有罗马尼亚、巴西、土耳其、墨西哥、俄罗斯和阿根廷。中国人均 GDP 还相对较低，但创新能力综合表现远高于其他国家，是唯一一个 R&D 投入强度超过 2%、综合排名进入第一集团的中等收入国家，其他 6 个国家综合排名全部处于第三集团。从不同国家经济发展阶段比较来看，2019 年，中国人均 GDP 为 10 217 美元，在 40 个国家中仅高于印度、巴西、阿根廷、南非、土耳其和墨西哥。但是，中国创新指数得分已接近人均 GDP 在 5 万美元左右的欧洲国家。中国创新能力大幅超越处于同一经济发展水平的国家。

图 2-2　各国人均 GDP 与国家创新指数

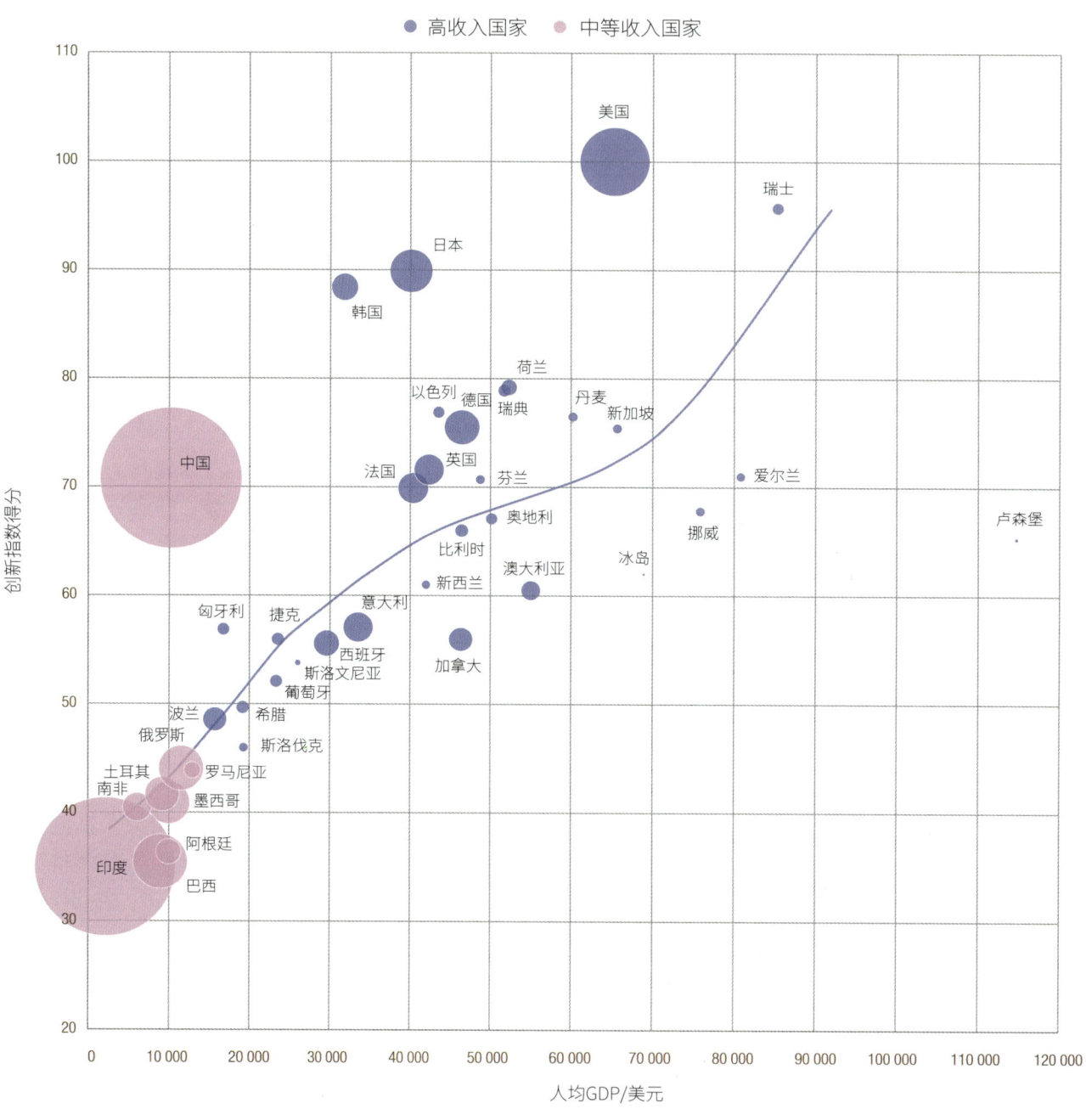

注：气泡大小表示人口规模。

全球创新发展保持亚美欧三足鼎立格局

从各国综合排名看,各地区国家创新指数表现基本稳定,亚美欧保持三足鼎立的态势。

北美地区无疑仍是世界创新能力最强的一极。本报告选取了美国和加拿大进行分析,两国人口合计占全球的4.8%,GDP占全球的26.5%,两国R&D经费投入总量占全球的37.9%,比上年提高1.2个百分点。美国优势全面,国家创新指数综合排名继续占据首位,5个一级指标中,创新资源、知识创造、企业创新、创新环境4个指标均位居前三,创新绩效排名第7位,创新资源排名第1位。加拿大综合排名第25位,较上年上升1位,企业创新和创新环境方面表现相对突出,分别排名第18位和第15位。

欧洲和中亚地区整体表现强劲。本报告选取了瑞士、德国、法国等26个国家进行分析。26个国家人口合计占全球的9.6%,GDP占全球的24.9%,R&D经费投入总量占全球的25.0%,比上年下降1.1个百分点。这一地区有9个国家进入第一集团,多数国家处于第二集团的位置。其中,瑞士综合指数排名第2位;荷兰、瑞典分别排名第5位和第6位,丹麦、德国分别排名第8位和第9位;英国排名第11位,爱尔兰排名第12位,芬兰、法国分列第14位和第15位。

东亚、太平洋地区主要国家表现优异,上升趋势明显。本报告选取了日本、韩国、中国、新加坡、澳大利亚和新西兰6个国家进行分析。6个国家人口合计占全球的21.0%,GDP占全球的26.2%,R&D经费投入总量占全球的33.1%,与上年基本持平。日本和韩国依托其突出的企业创新表现和知识创造能力,分列第3位和第4位。新西兰综合排名第21位。中国综合排名第13位,上升1位,成为亚洲乃至世界创新发展的亮点。新加坡、澳大利亚综合排名分别为第10位和第22位,均比上年下降2位。

南亚地区的印度,人口占全球的17.8%,GDP占全球的3.3%,R&D经费投入总量约占全球的1.0%,基本稳定。印度综合排名第40位,创新绩效排名第35位,创新环境排名第29位。近年来,其经济社会发展迈入快车道,未来发展前景被普遍看好。

拉丁美洲地区,本报告选取了墨西哥、阿根廷、巴西3个国家进行分析。3个国家人口合计占全球的5.0%,GDP占全球的4.1%,R&D经费投入总量占全球的1.8%,比上年下降0.1个百分点。墨西哥、阿根廷、巴西创新指数综合排名分别为第36位、第38位和第39位。

中东、非洲地区,本报告选取了以色列、南非2个国家进行分析。两国人口合计占全球的0.9%,GDP占全球的0.9%,R&D经费投入总量占全球的1.2%,比上年提高0.03个百分点。以色列创新指数综合排名为第7位,比上年下降2位。南非综合排名第37位,与上年持平(图2-3)。

图 2-3　各国研发经费支出规模的地区分布

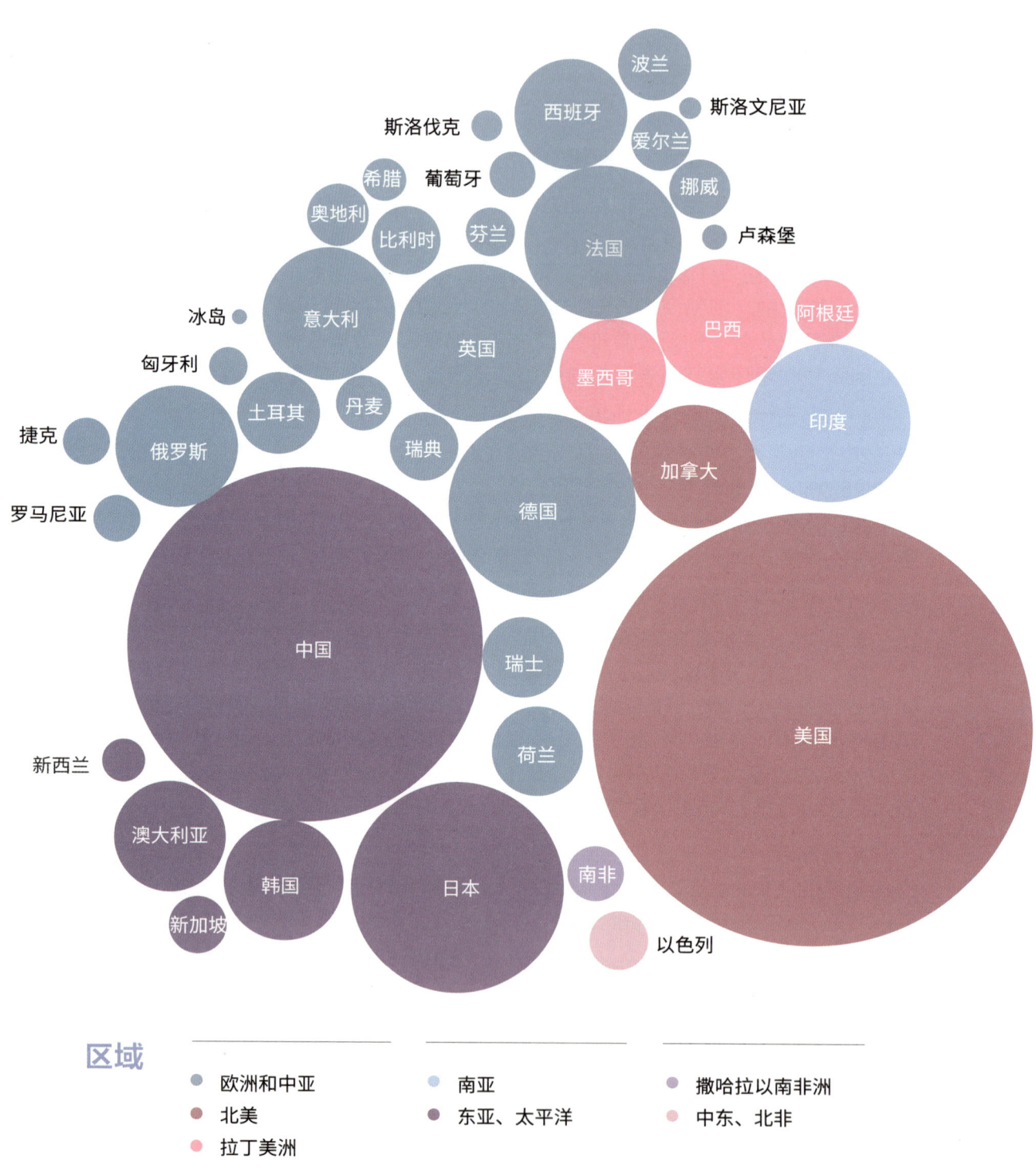

注：气泡大小表示 R&D 经费支出规模；国家的洲际区域划分依据世界银行的划分标准。

3 从主要指标看世界

创新资源

知识创造

企业创新

创新绩效

创新环境

创新资源

创新资源涵盖了全社会对创新活动的投入力度、创新资源配置结构、创新人才资源储备和培育状况,是一个国家持续开展创新活动的基本保障。创新资源分指数采用研究与试验发展经费投入强度、研究与试验发展经费占世界比重、基础研究经费占全社会研发经费的比重、研究与试验发展人力投入强度、科技人力资源培养水平、世界大学排名 TOP 500 上榜高校平均得分 6 个二级指标来测度国家创新资源配置能力。

(一)发达国家占据绝对资源优势

在创新资源分指数排名中,发达国家占据了第一集团,美国、瑞士、韩国以超过90分的得分位列前三,第4位至第15位依次为丹麦、荷兰、新加坡、奥地利、日本、以色列、澳大利亚、挪威、法国、希腊、比利时和瑞典。除中国和俄罗斯外,排名在第二集团的国家均为发达国家,而其他发展中国家均属于第三集团(图3-1)。

与上年相比,瑞典排名上升较为明显,从上年第 18 位升至第 15 位,取代德国进入创新资源第一集团;英国、冰岛、中国和阿根廷、巴西排名上升 2 位,仍分别属于第二集团和第三集团。捷克、意大利和葡萄牙排名下降明显,均下降 3 位。但整体而言,各集团国家构成保持相对稳定。

图 3-1 创新资源分指数世界排名与得分

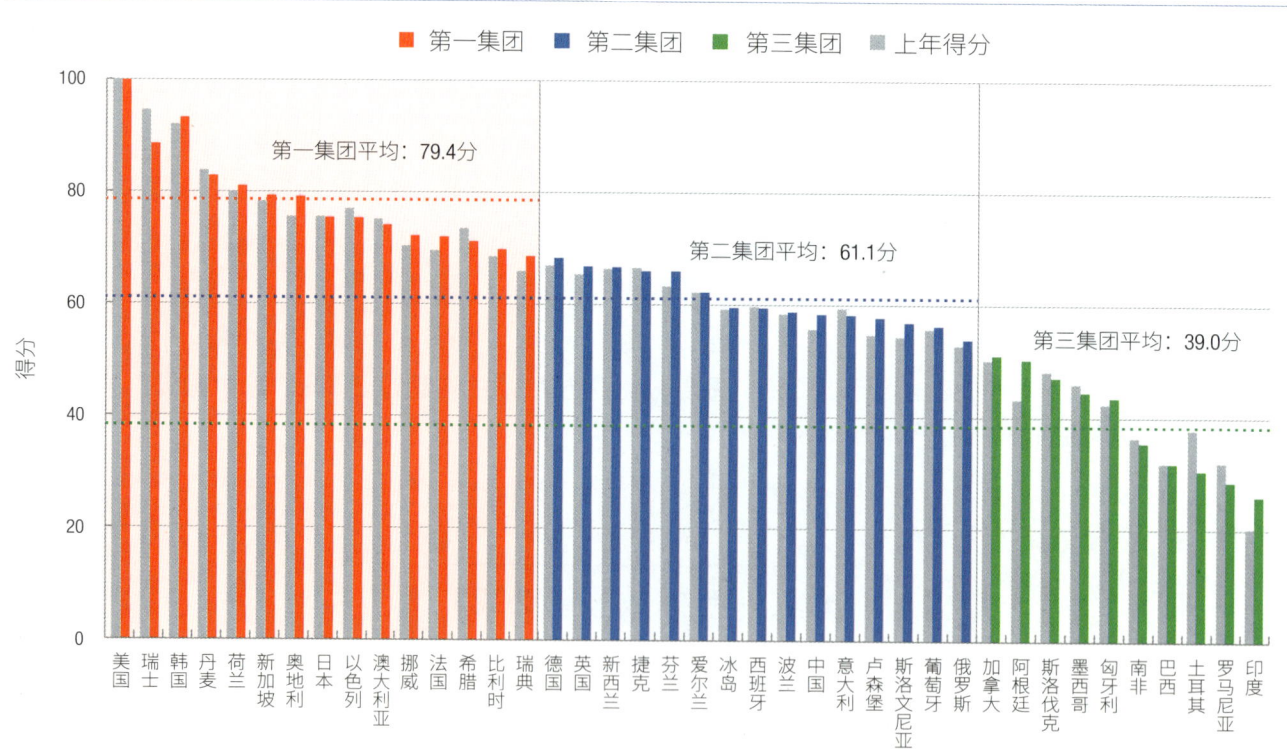

（二）研发经费地理分布高度聚集

世界研发经费高度集中于经济大国。美国、中国、日本、德国 4 个国家的 R&D 经费占世界经费比重均超过 5%，经费总和达到 1.3 万亿美元，约占 40 个国家的 70%。其中，美国 R&D 经费占比超过 1/3，位居世界第一；中国大约是美国的一半，是第二大经费投入国；日本和德国分别占 9.1% 和 6.8%，分列第三位和第四位。韩国、法国、英国 R&D 经费占比均超过 2%，这 7 个国家经费合计占比超过 80%（图 3-2）。

图 3-2　R&D 经费世界分布

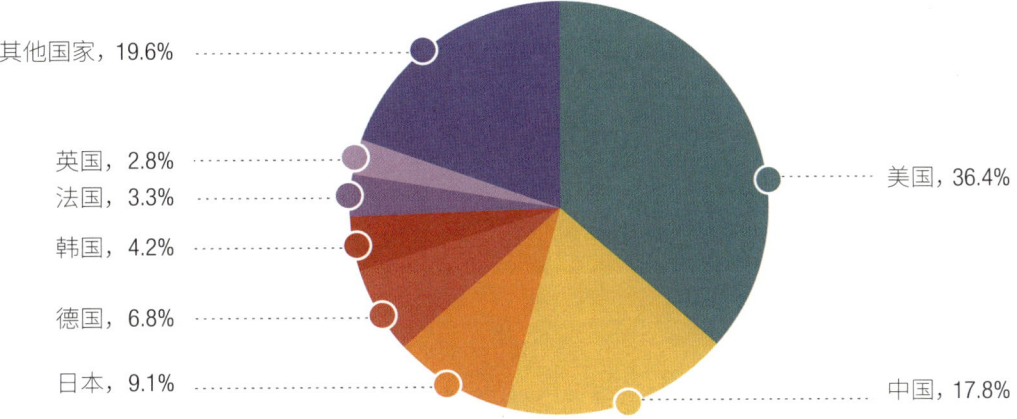

国际上具备较强创新能力的国家研发经费投入强度通常在 2% 以上。以色列和韩国是 R&D 经费投入强度最高的 2 个国家，分别达到 4.93% 和 4.64%。瑞典、日本、奥地利、瑞士、德国和美国均超过 3%，丹麦、比利时和芬兰均超过 2.5%。除中国外，发展中国家均在 1.5% 以下（图 3-3）。

从研发经费结构看，欧洲国家和小国的基础研究经费占研发经费比重通常较高，而亚洲国家和大国相对偏低。瑞士基础研究经费占比最高，达到 42.6%；斯洛伐克、卢森堡紧随其后，在 39% 左右。墨西哥、波兰、希腊、南非、捷克、阿根廷和澳大利亚的基础研究经费占比均超过 1/4。法国、英国在 20% 左右，美国、韩国和日本分别为 16.0%、14.7% 和 12.5%。

图 3-3　R&D 经费投入强度

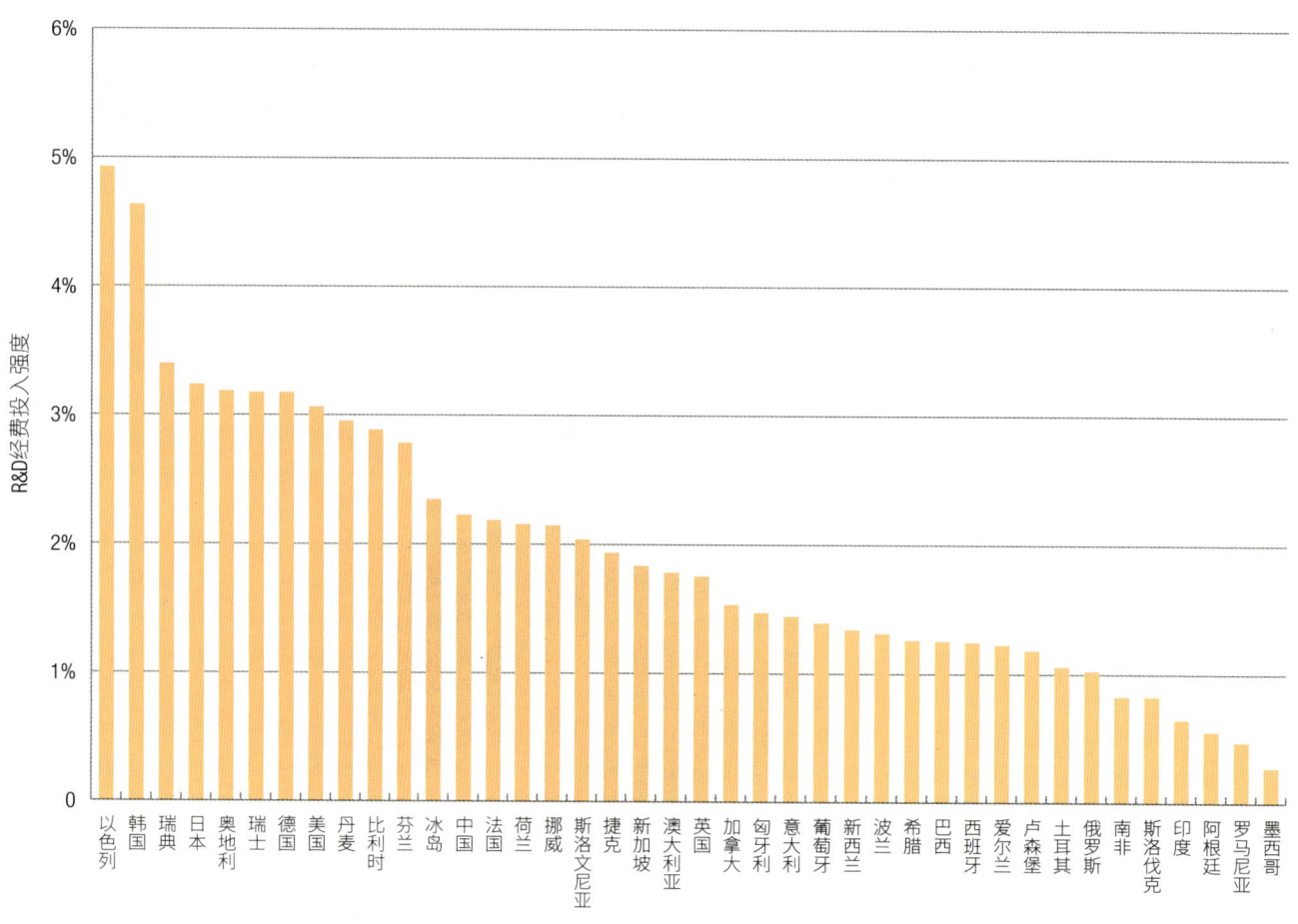

（三）发展中国家和亚洲国家人才潜力有待挖掘

规模较小的发达国家通常具有较高的研发人力投入强度。丹麦、韩国最高，每千人口研发人员达到 10 人年以上。瑞士、卢森堡、奥地利等 6 个国家超过 0.9 人年 / 万人。德国、英国、日本、法国和美国这 5 个创新大国处于中等水平，在 0.6~0.9 人年 / 万人。发展中国家研发人力投入强度相对较低，金砖国家中，只有俄罗斯超过 0.5 人年 / 万人，中国接近 0.35 人年 / 万人，巴西、南非、印度不足 0.2 人年 / 万人（图 3-4）。

高等教育反映了未来研发人力资源的投入潜力。除少数例外，欧美国家基本实现了高等教育普及化，拥有相对较高的高等教育毛入学率，而亚洲国家相对较低。希腊、澳大利亚、土耳其高等教育毛入学率超过 100%。欧美国家多在 60% 以上，美国、德国、法国、英国分别为 88.3%、70.3%、67.6% 和 61.4%。亚洲国家中，只有韩国和新加坡进入前 10 位，高等教育毛入学率分别达到 95.9% 和 88.9%；日本和以色列分别为 63.6% 和 61.5%，相当于欧美国家中排名靠后的水平；中国接近 50%，印度不足 30%（图 3-4）。

图 3-4　研发人力资源

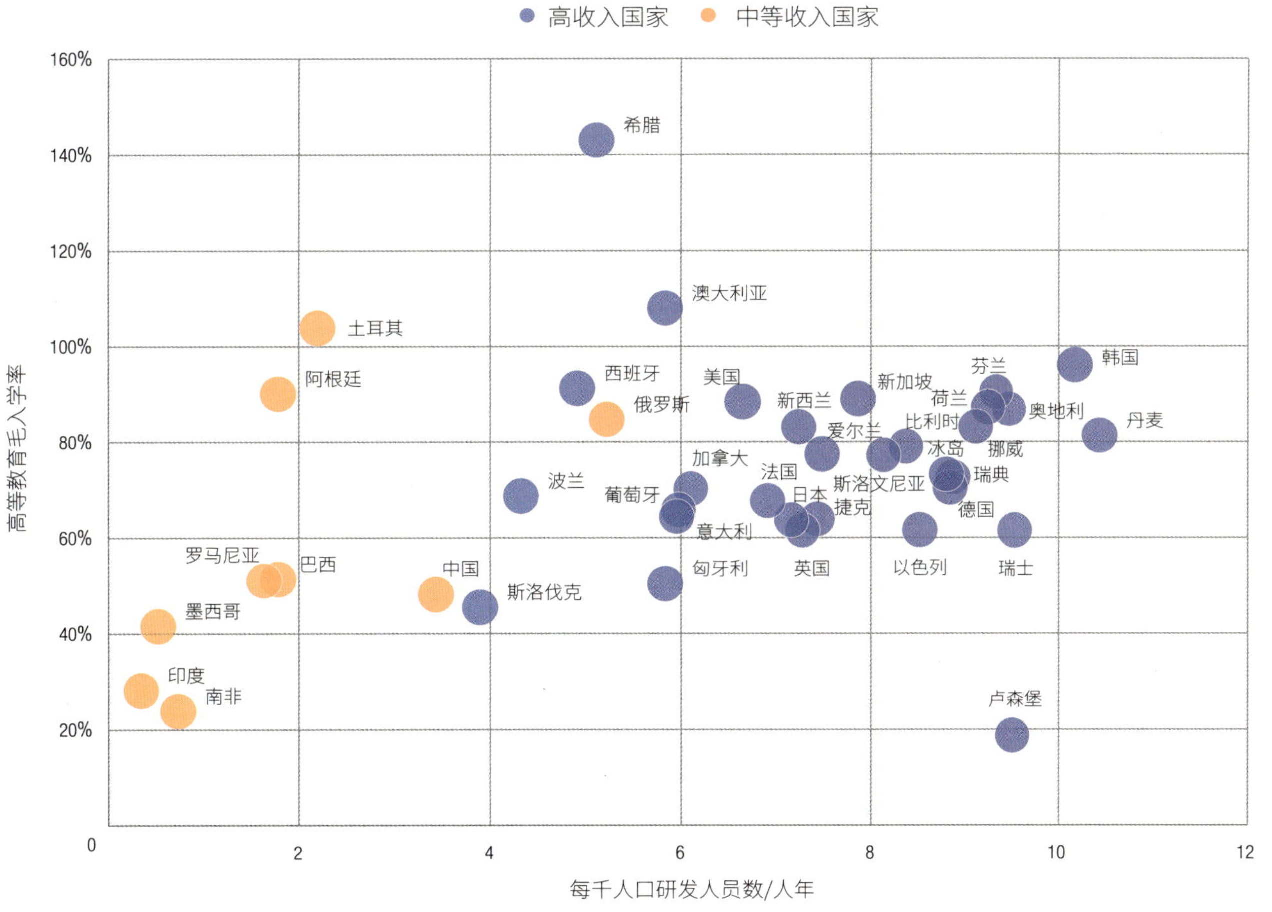

注：高等教育毛入学率 = 高等教育在学总规模 /18~22 岁年龄组人口数 ×100%。

知识创造

知识创造水平是国家创新能力的直接体现，反映了一个国家的科研产出能力和科技整体实力。知识创造分指数采用学术部门百万研究与试验发展经费科学论文被引次数、高被引论文数量占本国论文比重、工业增加值平均工业设计注册申请数、亿美元经济产出的发明专利授权量、有效专利数量占世界比重5个二级指标，来测度国家科学知识和知识产权的产出水平。

（一）创新大国知识产出位居前列

在知识创造分指数排名中，主要创新大国位居前列。韩国、美国、中国、日本、英国占据前5位。斯洛文尼亚、冰岛、荷兰、卢森堡、新加坡、匈牙利、瑞士、罗马尼亚、新西兰、法国均进入第一集团。丹麦、瑞典、德国等国家处于第二集团，南非以第30位进入该集团。大部分发展中国家位于第三集团，斯洛伐克、加拿大、波兰、捷克也处于该集团（图3-5）。

与上年相比，部分国家排名变动剧烈。卢森堡排名升幅最大，前进18位，从第二集团跻身第一集团。意大利次之，前进10位，从第三集团跻身第二集团。德国、瑞典、奥地利等11个国家排名均有所上升，但所处集团未发生变化。希腊和波兰排名降幅最大，分别下滑10位和8位，落至第二集团和第三集团。

图 3-5　知识创造分指数世界排名与得分

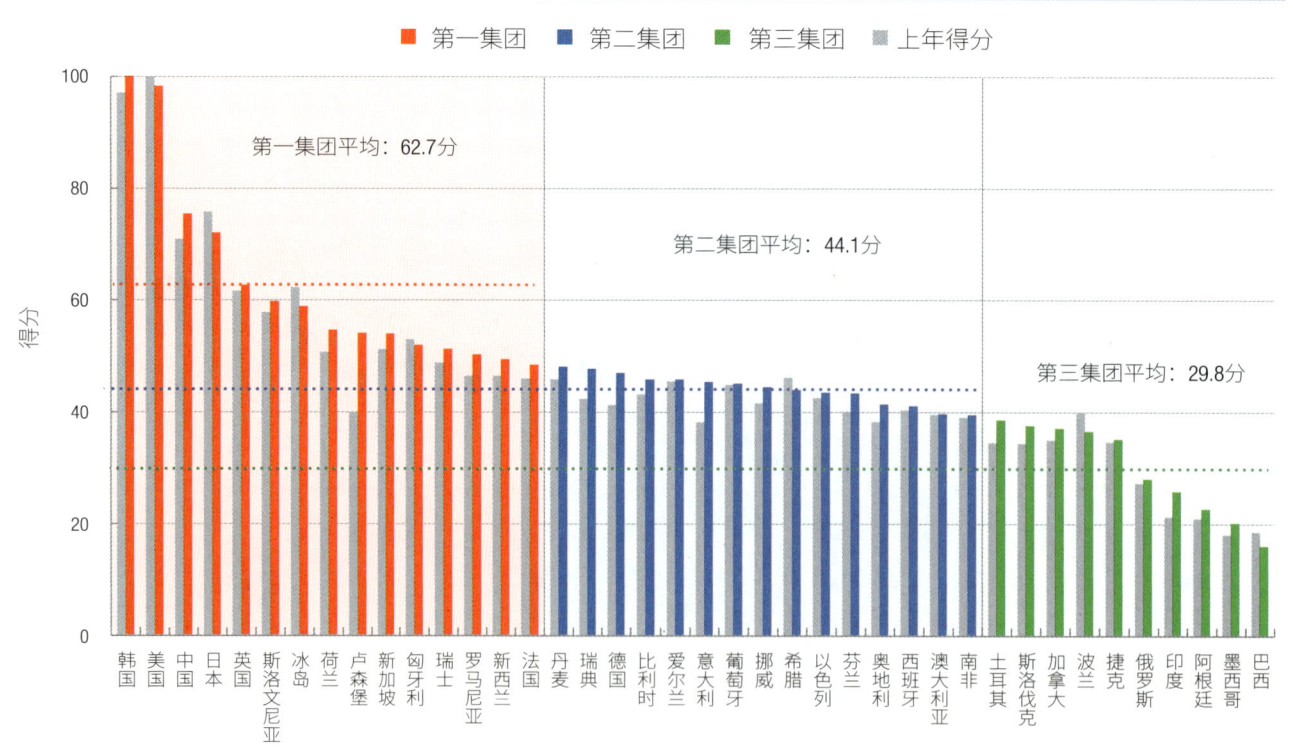

（二）欧洲小国论文影响力表现突出

论文被引用情况反映了一国科研成果的影响力。以高被引论文占本国论文比重衡量，大多数国家位于 1.5%~2.5%。新加坡、卢森堡、冰岛和瑞士较高，超过 2.5%。荷兰、比利时、丹麦等 10 个国家在 2.0%~2.5%，芬兰、以色列、加拿大、斯洛文尼亚等 15 个国家在 1.5%~2.0%。捷克、斯洛伐克等 11 个国家在 1.5% 以下。除英国、澳大利亚外，科学论文超过 50 万篇的 10 个论文大国高被引论文占比均在 2.0% 以下，处于中等水平（图 3-6）。

以学术部门百万研究与发展经费科学论文被引次数衡量，40 个国家大致可以分为 3 个群组。斯洛文尼亚、匈牙利、罗马尼亚、冰岛的论文被引用次数超过 850 次。葡萄牙、新西兰、爱尔兰、英国等 18 个国家在 500~800 次。芬兰、加拿大、土耳其等 18 个国家在 500 次以下，其中，中国、法国、韩国、美国、日本等研发大国均在这一群组里。

图 3-6 科学论文被引用情况

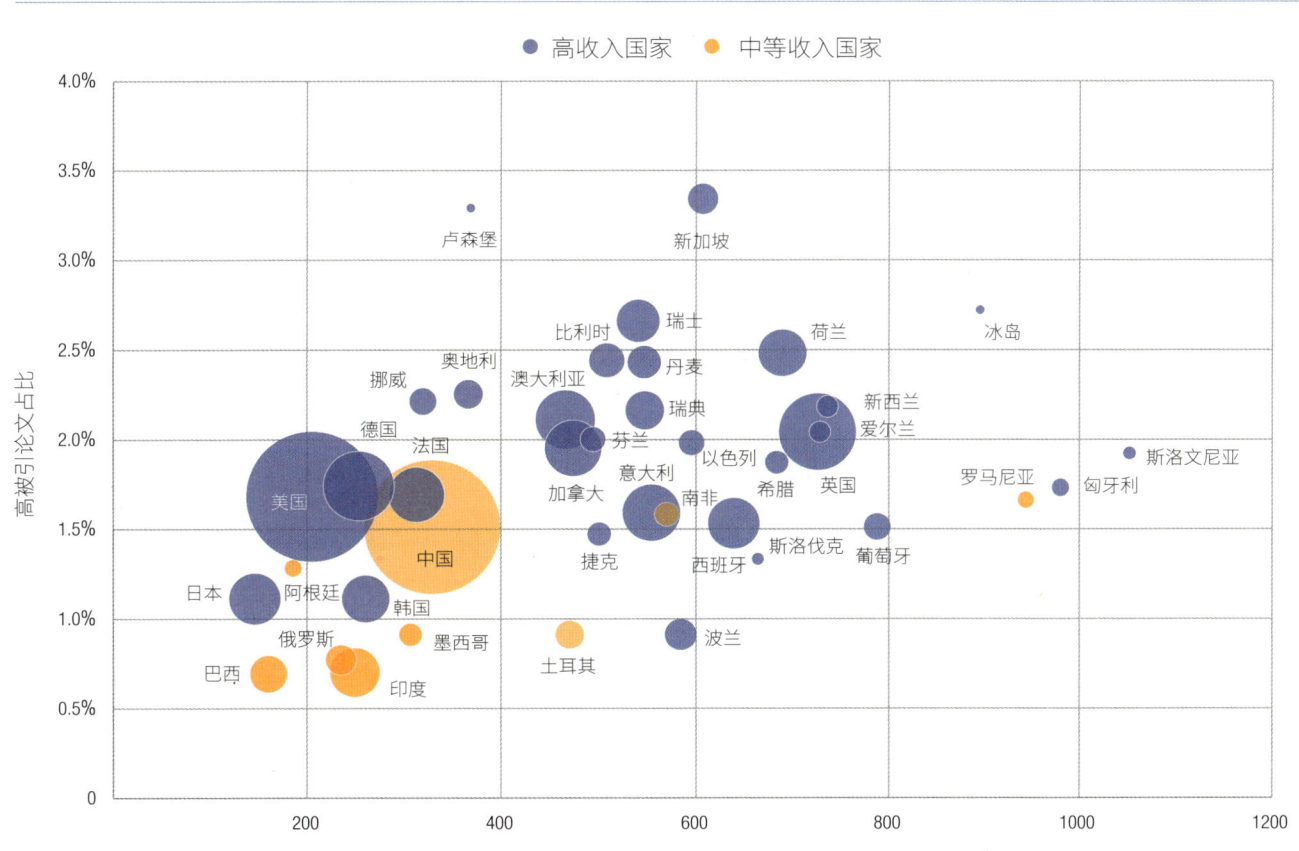

注：气泡大小反映"科学论文数"。

（三）中日美韩技术发明高度活跃

发明专利情况反映了一个国家技术发明的活跃程度。从发明专利产出效率看，韩国最高，亿美元经济产出发明专利授权量达到 5.8 件，日本、中国、俄罗斯次之，分别为 2.8 件、1.4 件和 1.2 件。瑞典、德国、美国、芬兰、法国等 12 个国家在 0.5~1 件。丹麦、比利时、土耳其、捷克等 16 个国家在 0.1~0.5 件。斯洛伐克、葡萄牙、新加坡等 8 个国家不足 0.1 件。

发明专利拥有情况与经济活动规模密切相关，地理分布呈现高度聚集的特征。中国、日本、美国本国人拥有有效专利数量均超过 150 万件，占世界比重分别为 28.4%、24.8% 和 22.6%，合计超过世界的 3/4。韩国以接近 80 万件的有效专利数量位列第四，占比超过 10%。意大利、法国和俄罗斯在 15 万~25 万件，占比在 3% 左右。其他国家合计为 4.2%（图 3-7）。

图 3-7 有效专利数量占世界比重

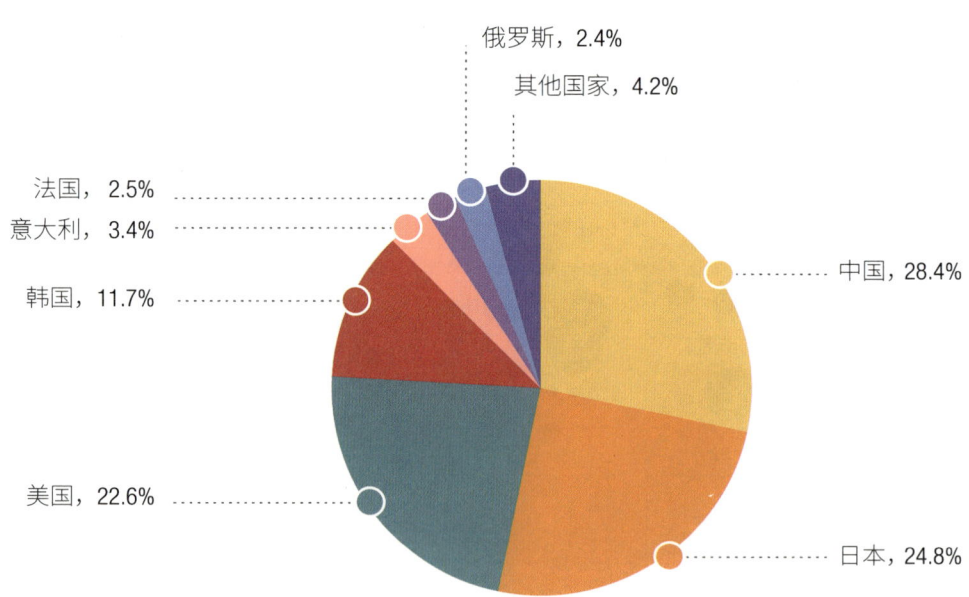

注：德国、爱尔兰数据缺失。

企业创新

企业是开展创新活动的重要主体，也是国家创新体系的重要组成部分。企业创新的规模和产出效益，在很大程度上体现了一个国家的创新能力。企业创新能力分指数采用企业研究与试验发展经费与增加值之比、企业研究人员占全社会研究人员比重、三方专利数占世界比重、万名企业研究人员PCT专利申请数、知识产权使用费收入占服务业出口额比重5个二级指标，来综合测度企业的创新活动。

（一）企业创新活跃程度国别差异大

在企业创新分指数排名中，国家间企业创新的活跃程度差别巨大。日本高居第1位，得分与位列第二、第三的瑞士、美国相差25分左右。以色列、韩国、荷兰、瑞典、德国、芬兰、卢森堡、法国、丹麦、中国、奥地利、比利时均进入第一集团。英国、冰岛、加拿大、新加坡等国家处于第二集团。俄罗斯、葡萄牙、墨西哥、巴西等国家在第三集团，得分在20分以下（图3-8）。

与上年相比，各国排名变动不大，集团内国家构成未发生变化。新加坡排名升幅最大，提升了4位。冰岛次之，提升了2位。瑞士、瑞典、中国、西班牙、墨西哥、南非、印度均提升了1位。匈牙利和爱尔兰排名下降较大，分别下滑了3位和2位。美国、德国、巴西等8个国家下滑了1位。

图3-8 企业创新分指数世界排名与得分

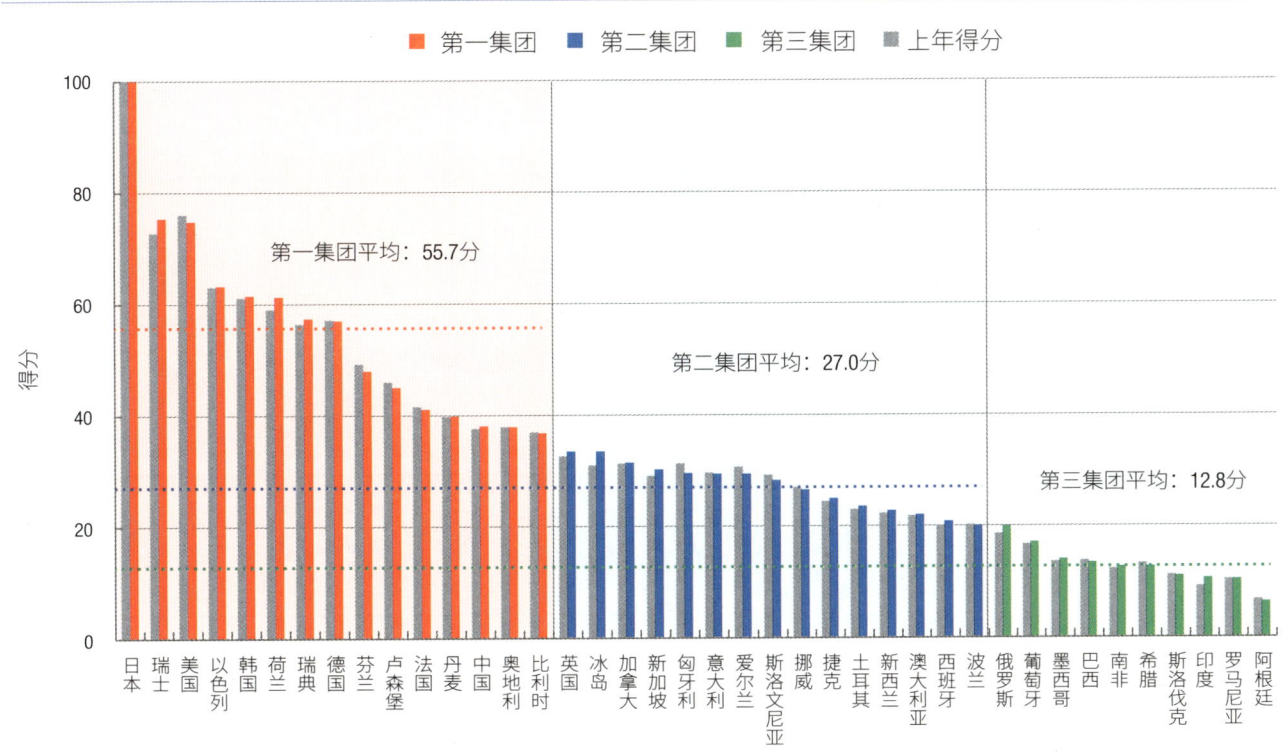

（二）创新型国家企业创新主体地位突出

创新型国家通常拥有活跃的创新主体，企业更注重对创新前端的投入。以色列和韩国的企业研发活动较为突出，R&D经费与增加值之比分别达到7.4%和5.4%。瑞典、美国、日本、德国等9个国家在3%~4%。大部分国家处于1%~3%，包括冰岛、法国、中国、英国等19个国家。土耳其、俄罗斯、卢森堡等10个国家在1%以下（图3-9）。

企业创新活跃通常意味着有更多的企业研究人员。以色列和韩国的企业研究人员占全社会研究人员比重最高，分别达到97.8%和82.3%。日本、美国、瑞典和荷兰次之，在70%~75%。奥地利、法国、德国、中国、加拿大等11个国家在55%~65%。瑞士、挪威、英国、澳大利亚等16个国家在30%~55%。罗马尼亚、巴西等7个国家不足30%（图3-9）。

图 3-9　企业研发活动

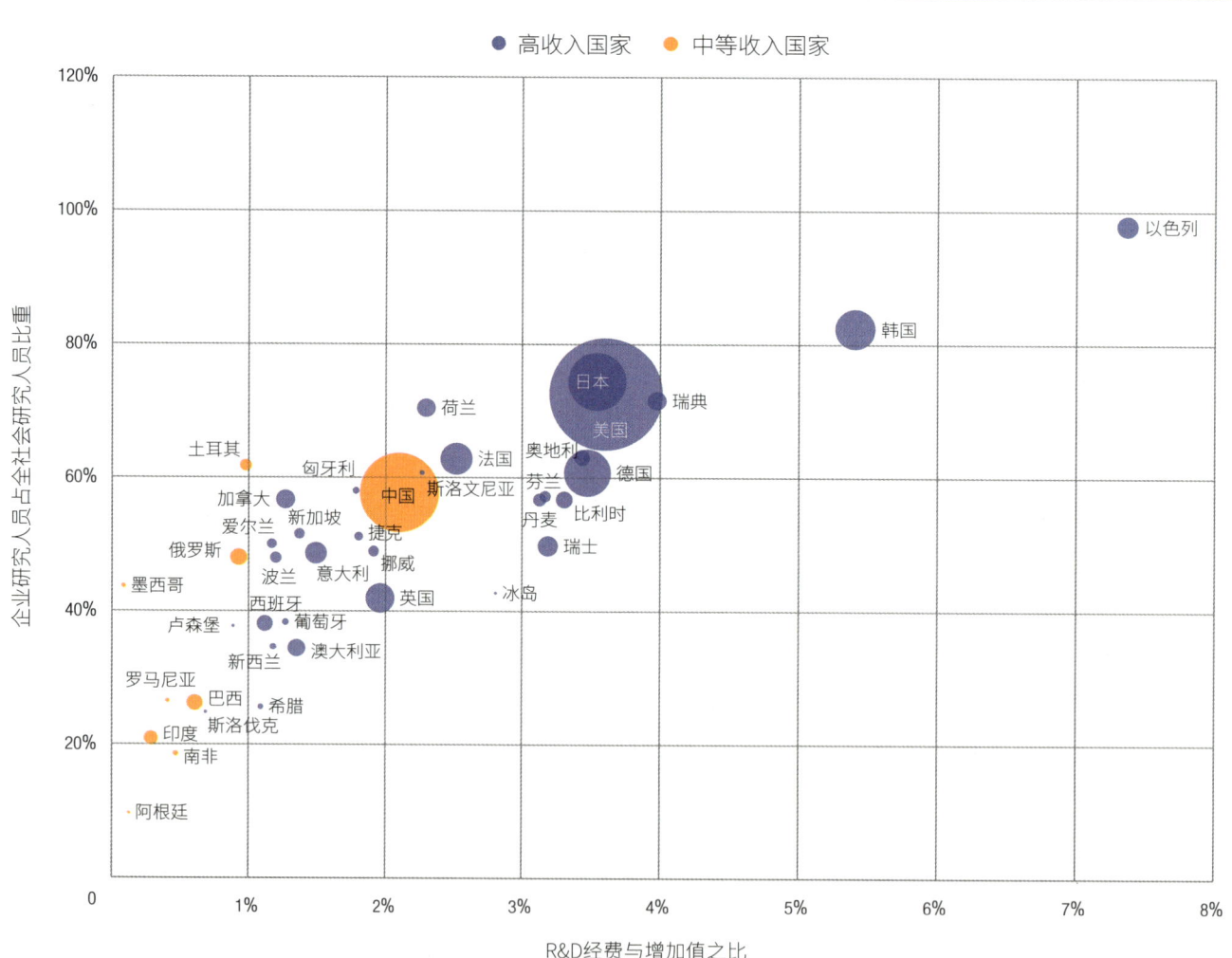

注：气泡大小反映"企业 R&D 经费支出"。

（三）发达国家普遍重视知识产权海外布局

三方专利和PCT专利体现了企业技术发明的海外布局和国际竞争力。从专利国际化规模看，日本和美国拥有绝对优势，三方专利数分别为1.8万件和1.3万件，合计占世界的一半以上。中国、德国均在5000件左右，占世界比重分别为10.0%和8.3%。韩国、法国、英国、瑞士均超过1000件，比重在3%左右。其他32个国家合计占比不足15%（图3-10）。从国际化专利产出效率看，卢森堡万名企业研究人员PCT专利申请量最多，接近3000件，随后是瑞士和日本，分别略高于2000件和1000件。瑞典、芬兰、德国、美国、南非等10个国家超过500件。中国、英国、法国、加拿大、印度等15个国家在200~500件。其他12个国家均少于150件。

图3-10 三方专利数占世界比重

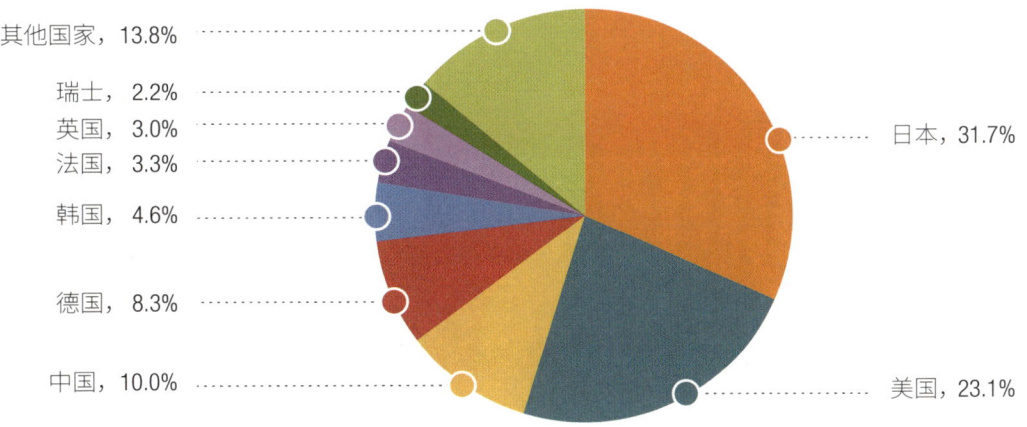

知识产权使用费已经成为发达国家服务贸易收入的重要来源。在知识产权使用费收入超过100亿美元的8个国家中，瑞士、日本、荷兰的知识产权使用费收入占服务业出口额的20%以上，美国、德国均超过10%，英国、法国、爱尔兰高于或接近5%。与这8个国家相比，瑞典和芬兰的收入规模要小一些，但比重均超过10%。比重在4%以下的国家有24个，除中国外，发展中国家均在2%以下（图3-11）。

图 3-11　知识产权使用费收入占服务业出口额的比重

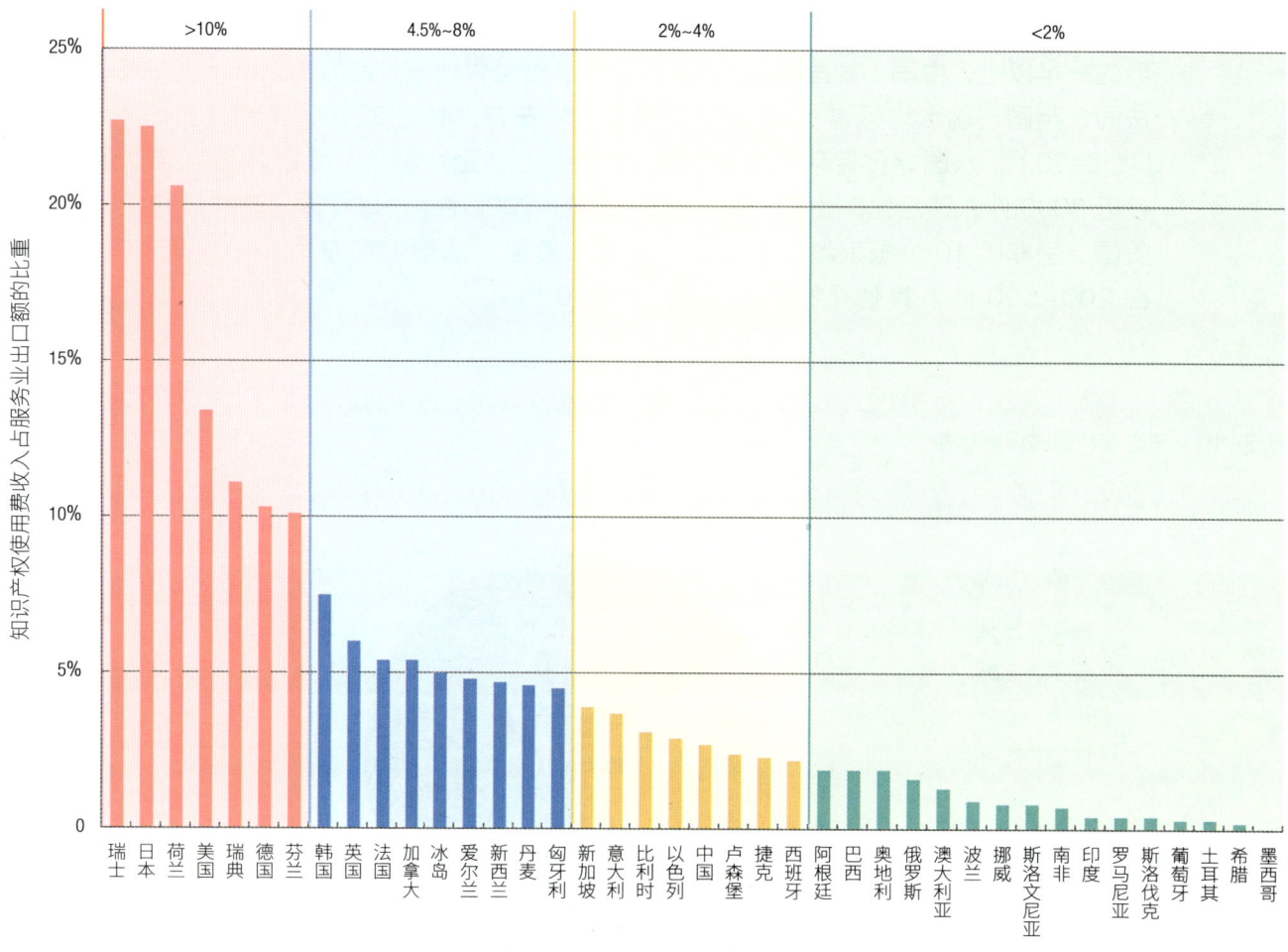

创新绩效

创新绩效是一个国家开展创新活动所产生的成果和影响的集中表现。创新绩效分指数采用了劳动生产率、单位能源消耗的经济产出、单位 CO_2 排放的经济产出、知识密集型服务业增加值占服务业增加值比重、高技术和中高技术产业增加值占制造业增加值比重、高技术产品出口额占世界比重6个指标,来测度和评价创新活动的产出水平,以及创新活动对经济的贡献。

(一)各国创新绩效差距较大

在创新绩效分指数排名中,国家间存在巨大差别。瑞士为首位,爱尔兰、瑞典和丹麦分列第2位至第4位,但与瑞士得分差距明显。德国、挪威、美国、以色列、法国、英国、新加坡、比利时、荷兰、日本、芬兰均进入第一集团。奥地利、中国、意大利、韩国等国家处于第二集团,其中,进入该集团的中等收入国家只有中国、罗马尼亚和墨西哥,分列第17位、第29位和第30位。葡萄牙、波兰、希腊等发达国家及巴西、印度、南非、俄罗斯这4个金砖国家均处于第三集团(图3-12)。

与上年相比,集团内国家构成保持相对稳定。以色列和罗马尼亚排名提升较大,均提升了3位,其中,罗马尼亚由第三集团进入第二集团。德国、韩国、墨西哥、印度等7个国家均提升了1位。葡萄牙和新加坡排名降幅最大,位次均下滑了3位,其中,葡萄牙从第二集团落至第三集团。其次是澳大利亚,下滑了2位。

图3-12 创新绩效分指数世界排名与得分

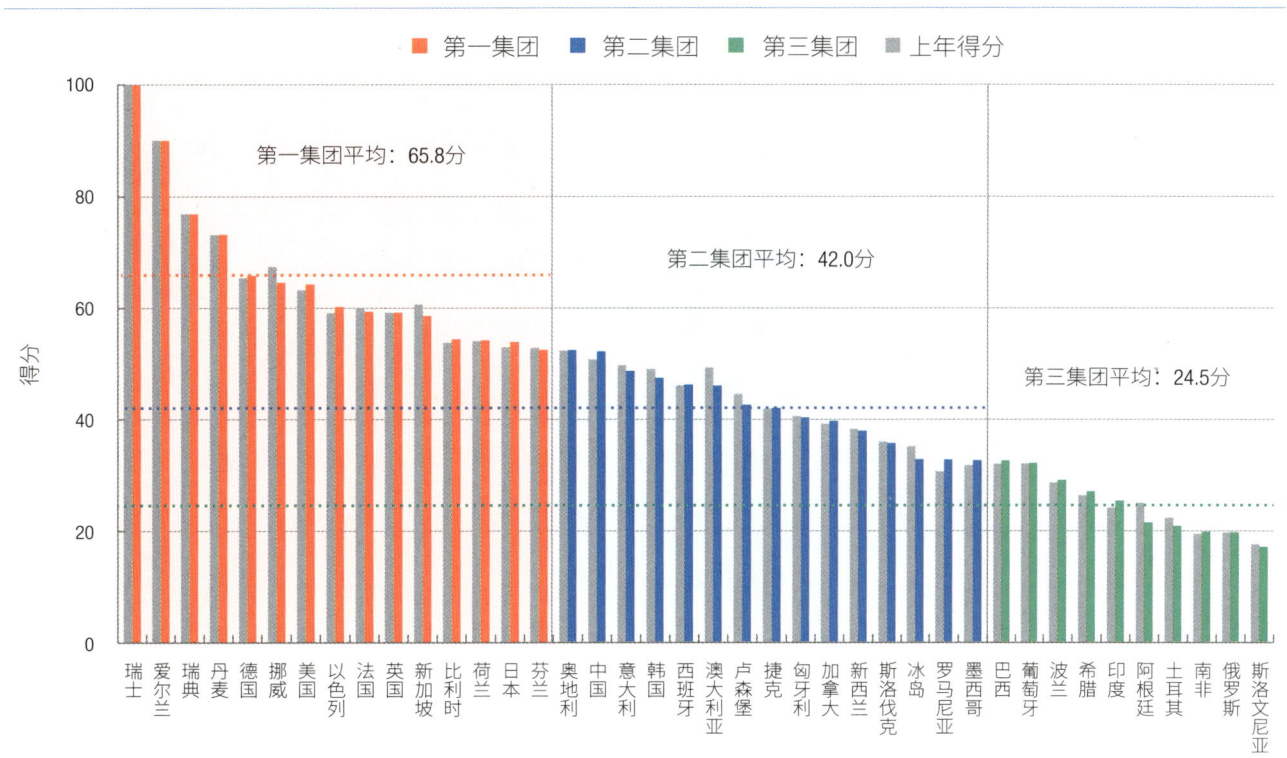

（二）金砖国家绿色低碳发展水平相对落后

绿色低碳发展依赖于科技创新。从能源经济效率来看，大多数欧洲国家效率较高，发展中国家特别是金砖国家相对较低。其中，瑞士和爱尔兰效率最高，即单位能源消耗的经济产出最高，分别为27.7美元/千克标准油和21.9美元/千克标准油。丹麦、英国、德国、以色列、日本、新西兰等17个国家在10~20美元/千克标准油，比利时、美国、巴西、加拿大、韩国等16个国家在5~10美元/千克标准油。单位能源消耗的经济产出低于5美元/千克标准油的国家有5个，中国、印度、南非、俄罗斯这4个金砖国家位列其中（图3-13）。

从碳排放强度来看，瑞士单位CO_2排放的经济产出最高，接近2万美元/吨。瑞典、冰岛、挪威、丹麦这4个北欧国家和爱尔兰均高于1万美元/吨。法国、英国、卢森堡等10个欧洲国家，新加坡、以色列2个亚洲国家及新西兰在0.55万至1万美元/吨。葡萄牙、巴西、日本、美国等15个国家在0.2万至0.5万美元/吨。土耳其、波兰、中国、印度、俄罗斯和南非这6个国家低于0.2万美元/吨。

图 3-13 能源消耗和碳排放情况

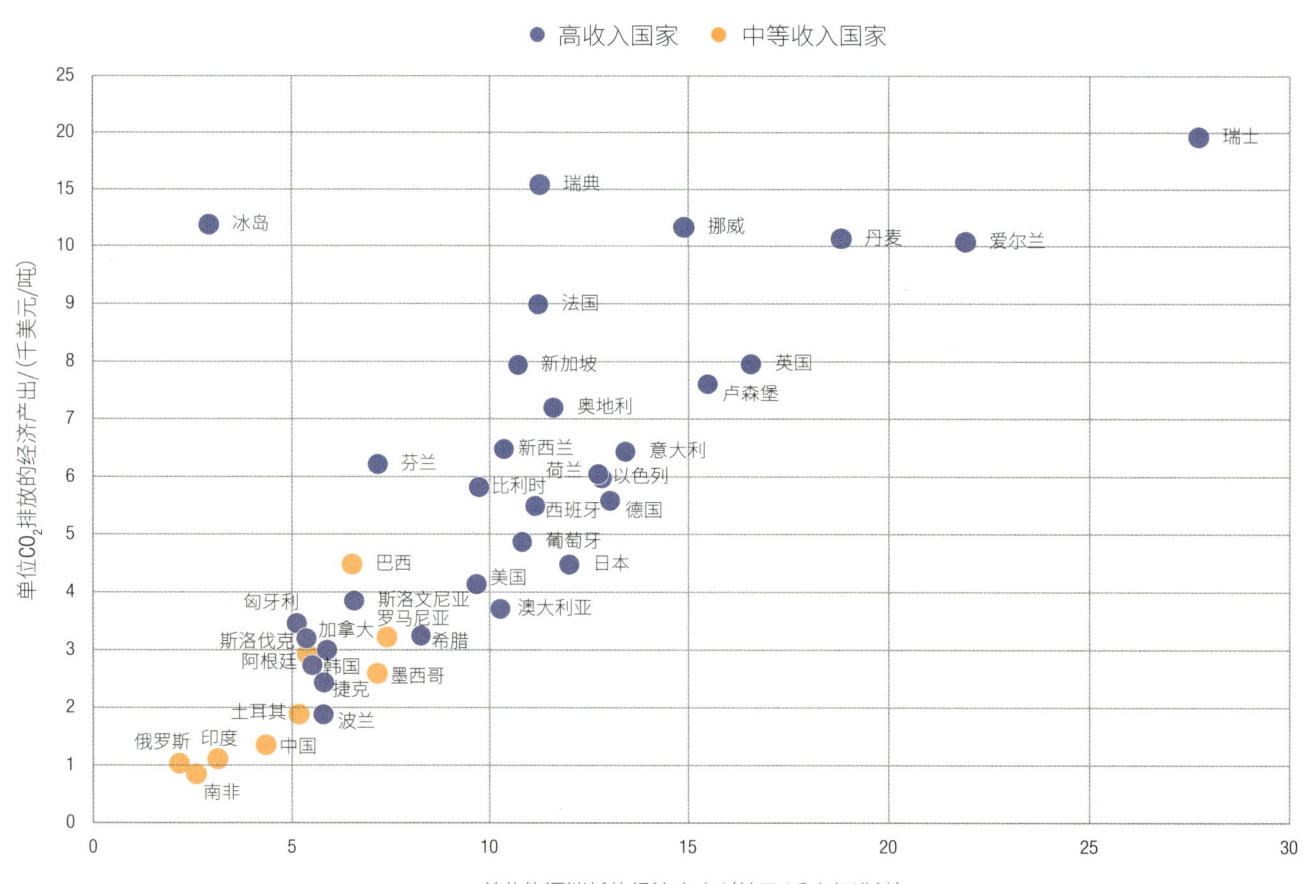

（三）各国知识和技术密集型产业发展不均衡

产业升级是科技创新驱动经济发展的重要体现之一。从高技术和中高技术产业增加值占制造业比重来看，各国之间存在较大差距。瑞士、新加坡、德国和丹麦比重较高，在 60%~65%。爱尔兰、瑞典、韩国、美国、日本、以色列、匈牙利、捷克和比利时的比重均在 50% 以上。中国、巴西、英国等 8 个国家在 40%~50%。荷兰、法国、意大利等 9 个国家在 25%~40%。新西兰、印度、俄罗斯等 7 个国家在 15%~25%（图 3-14）。

从知识密集型服务业增加值占服务业增加值比重来看，各国同样存在很大差距。爱尔兰和瑞典居前两位，比重分别为 18.7% 和 11.1%。其他国家均在 10% 以下。其中，印度、以色列、芬兰、法国、澳大利亚、美国、德国、英国等 14 个国家在 5.0%~9.5%。波兰、荷兰、韩国、中国、日本、俄罗斯等 21 个国家在 0.5%~5.0%。

图 3-14 知识和技术密集型产业发展情况

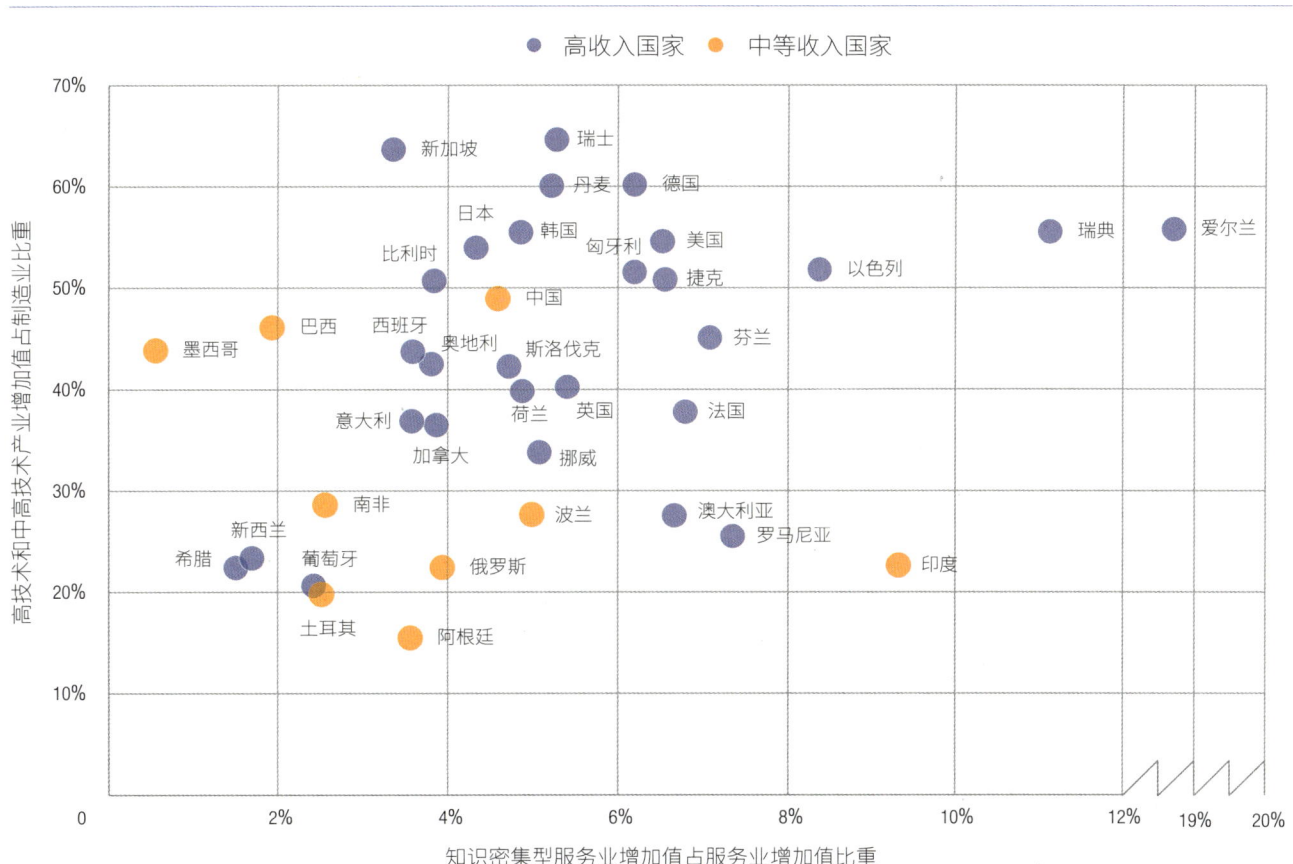

注：冰岛、卢森堡、斯洛文尼亚数据缺失。

创新环境

创新环境是提升国家创新能力的重要基础和保障。创新环境分指数采用知识产权保护力度、政府规章对企业负担影响、营商环境指数、信息化发展水平、风险资本可获得性、亿美元GDP外商直接投资净流入、企业与大学研究与试验发展协作程度及创业文化等8个二级指标,从不同角度综合测度创新活动的环境和氛围。

(一)创新生态世界排名变动明显

在创新环境分指数排名中,国家间差距相对较小。新加坡位列第一,芬兰和美国分别以91.9分和89.8分位列第二、第三。瑞士、荷兰、以色列、瑞典、德国、英国、新西兰、丹麦、日本、挪威、冰岛和加拿大均进入第一集团,除加拿大外,其他国家得分均超过80分。卢森堡、中国、法国、匈牙利、澳大利亚等国家处于第二集团,其中,中国、印度、俄罗斯这3个金砖国家位列其中。罗马尼亚、南非、斯洛伐克等国家处于第三集团,得分均在50分以上(图3-15)。

与上年相比,部分国家排名出现较大波动,跨集团变化较为明显。荷兰排名升幅最大,从第36位提升到第5位,由第三集团跻身第一集团。其次是匈牙利,排名从第40位提升到第19位,由第三集团进入第二集团。瑞士排名提升15位,由第二集团进入第一集团。卢森堡排名提升10位,仍处于第二集团。排名降幅最明显的是爱尔兰,下滑19位,由第一集团落至第二集团。

图3-15 创新环境分指数世界排名与得分

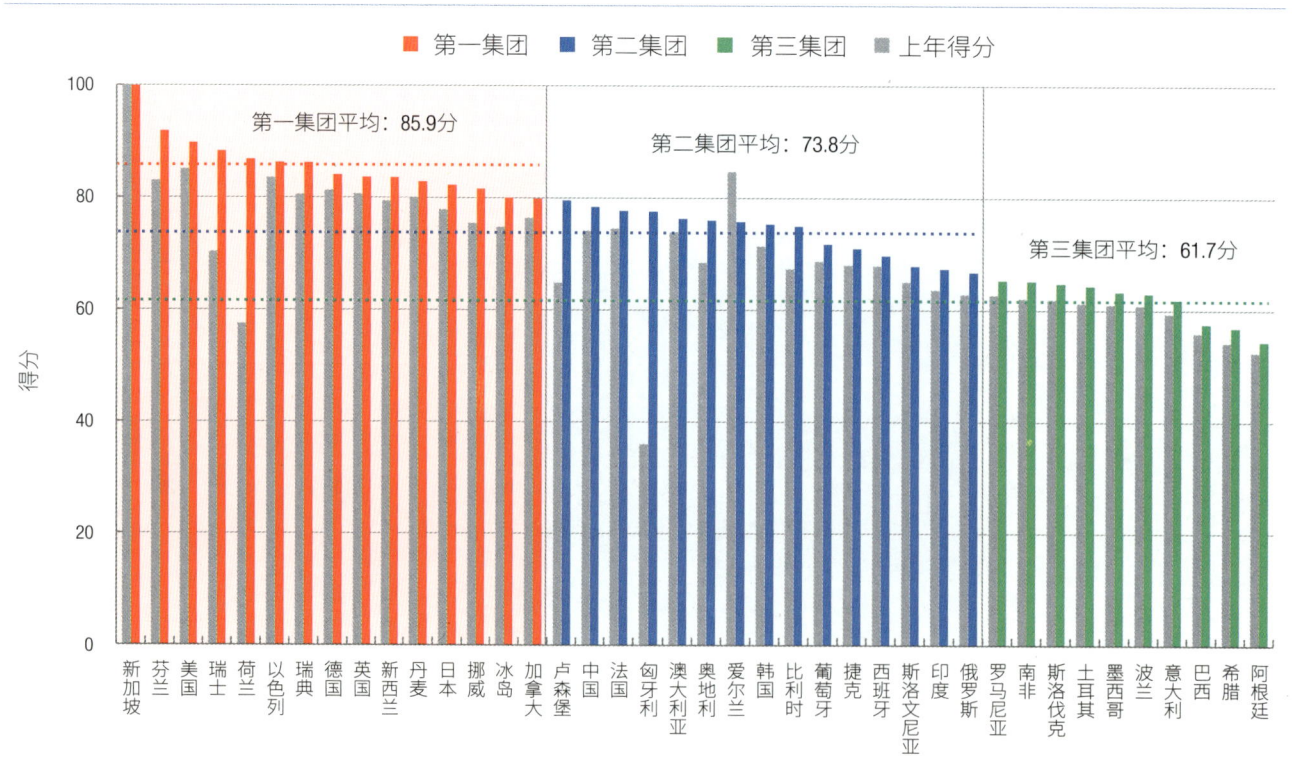

（二）创新型国家拥有更利于创新的制度环境

知识产权保护是保证知识产权市场平稳运行、激发创新积极性的重要手段。在知识产权保护力度上（得分区间为 1~7 分），发达国家特别是欧洲小国表现突出。芬兰得分最高，为 6.53 分，新加坡、瑞士、荷兰、卢森堡和比利时均在 6 分以上。包括日本、美国、法国、英国、德国在内的大部分发达国家的得分都在 5~6 分。发展中国家和经济发展水平相对靠后的发达国家大多在 5 分以下，其中，捷克、西班牙、韩国、中国、印度等 13 个国家在 4~5 分，希腊、阿根廷、土耳其、俄罗斯和巴西在 3.5~4.0 分（图 3-16）。

减轻政府规章对企业的负担有利于降低企业压力，提高企业创新的积极性。新加坡政府规章对企业的负担影响最小，得分为 5.46 分（最高分为 7 分）。其他国家都在 5 分以下。芬兰、瑞士、美国、德国、中国、英国、印度、日本等 11 个国家在 4~5 分。冰岛、爱尔兰、加拿大、法国、韩国、俄罗斯、南非等 16 个国家在 3~4 分。罗马尼亚、匈牙利等 12 个国家均低于 3 分。

图 3-16 创新的制度环境

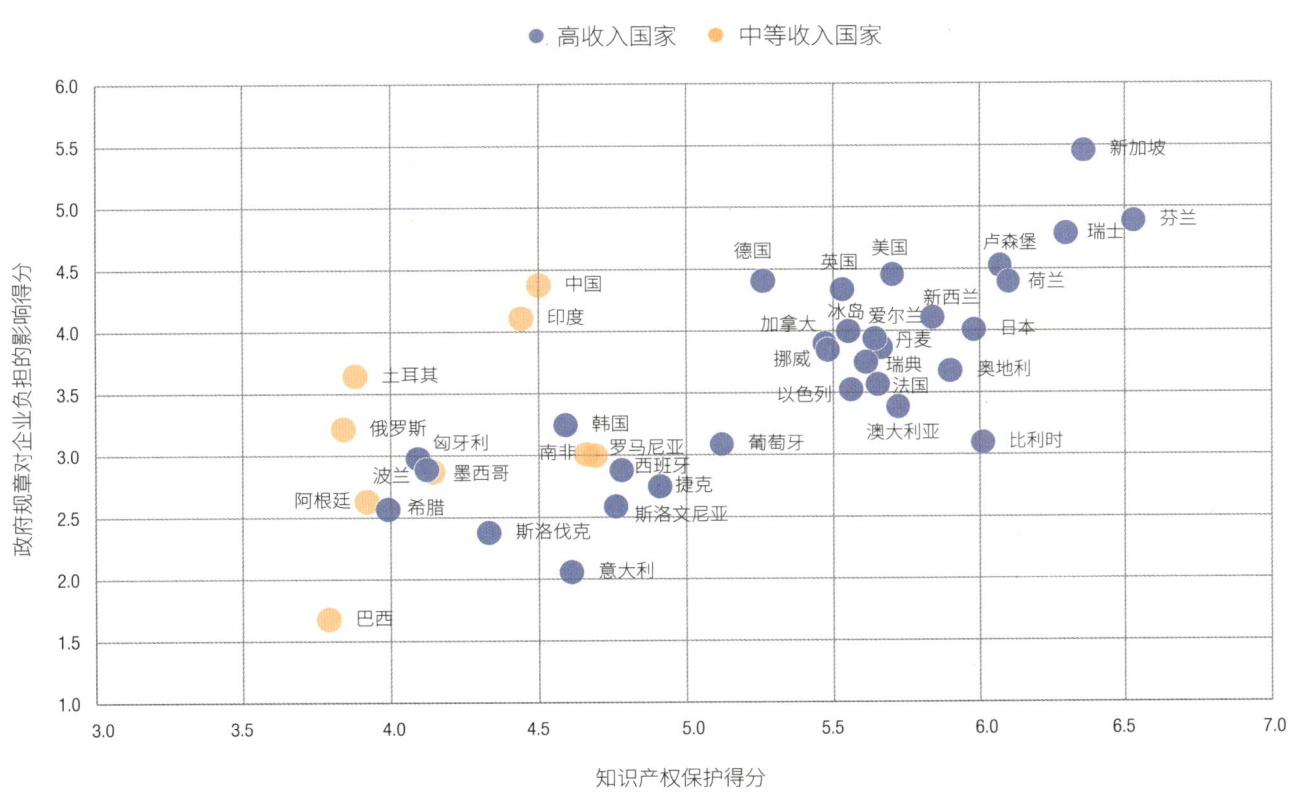

(三)美国和以色列创业氛围最为优越

风险资本可获得性是衡量市场环境活跃度的重要指标。美国、以色列和芬兰分列前3位,得分均在5分以上(最高分为7分)。大部分国家的得分为3~5分,其中,新加坡、德国、英国、中国、日本、法国、印度等13个国家为4~5分,挪威、西班牙、澳大利亚、韩国、墨西哥、巴西、南非等17个国家为3~4分。土耳其、波兰、俄罗斯、罗马尼亚、意大利、阿根廷和希腊均低于3分(图3-17)。

创业文化反映了一个社会对创业的包容性、欢迎度和支持度。从对创业文化的评价得分看(最高为100分),以色列以76.0分位列第一。其次是美国,得分为74.4分。瑞典、荷兰分列第三、第四,略高于70分。得分在60~70分的国家均为发达国家,包括丹麦、德国、新西兰、英国、瑞士等13个国家。得分在50~60分的国家有14个,包括比利时、日本、法国、韩国等发达国家及中国、南非、印度、巴西等发展中国家。俄罗斯、阿根廷、意大利、匈牙利等9个国家在40~50分。

图 3-17 创业环境

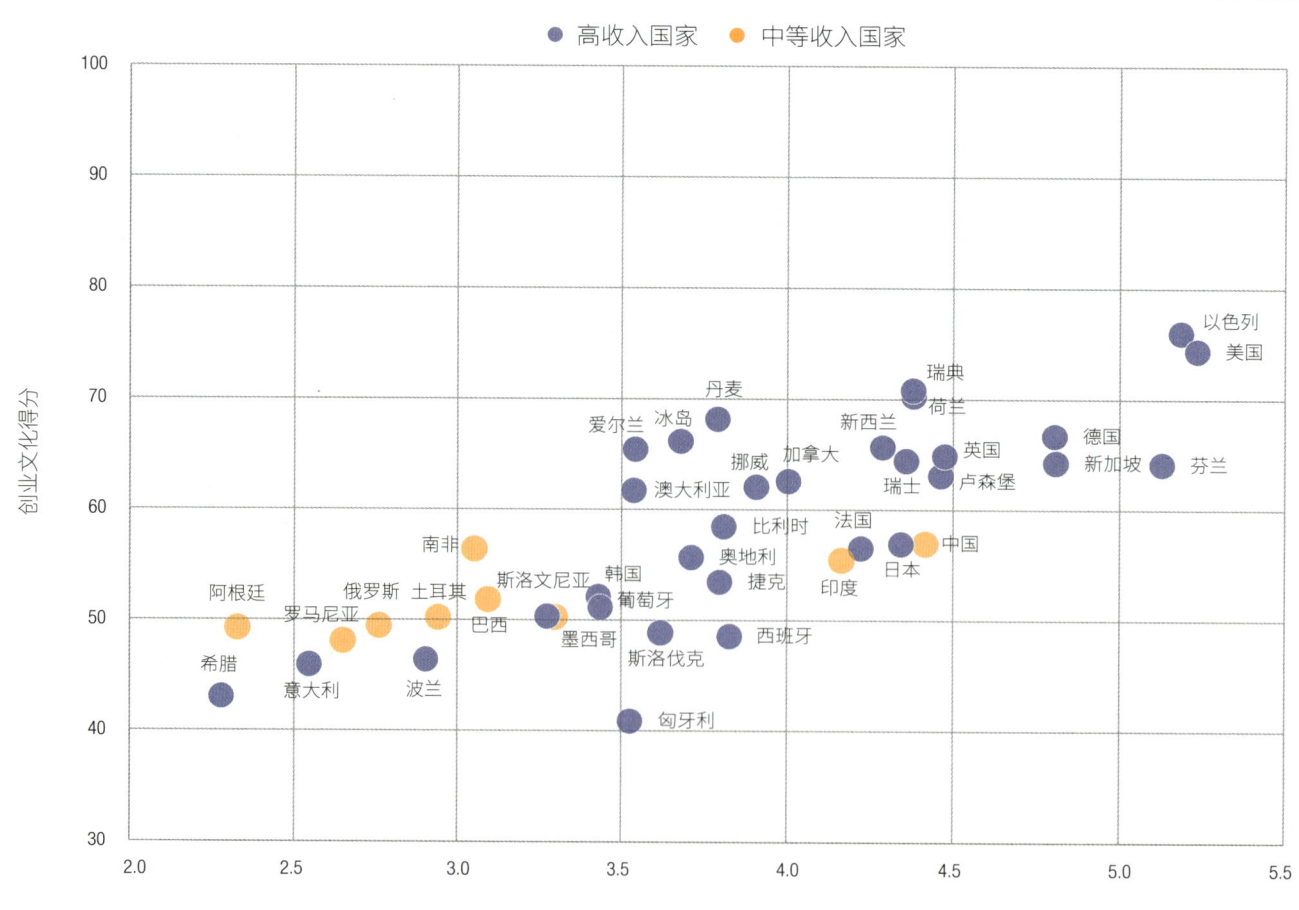

4 从创新指数看中国

中国创新在世界中的位置

国家创新指数指标评价

国家创新指数报告 2021

中国创新在世界中的位置

与世界主要科技强国的发展轨迹类似，近年来中国为跻身世界科技强国行列，制定并实施了"三步走"创新驱动发展战略，提出建设世界科技强国的发展目标，即到2020年进入创新型国家行列，到2035年跻身创新型国家前列，到2050年成为世界科技强国。目前，中国已实现了第一阶段战略目标，成功进入创新型国家行列。从中国在40个国家的创新指数排名变化看，2003年之前中国一直处于第三集团，2003年中国进入第二集团后，国际排名继续稳步上升，2017年跃升至第一集团。2019年，中国的创新指数国际排名居第13位，在创新型国家第一集团中的地位保持稳定（图4-1）。

图 4-1　中国国家创新指数世界排名

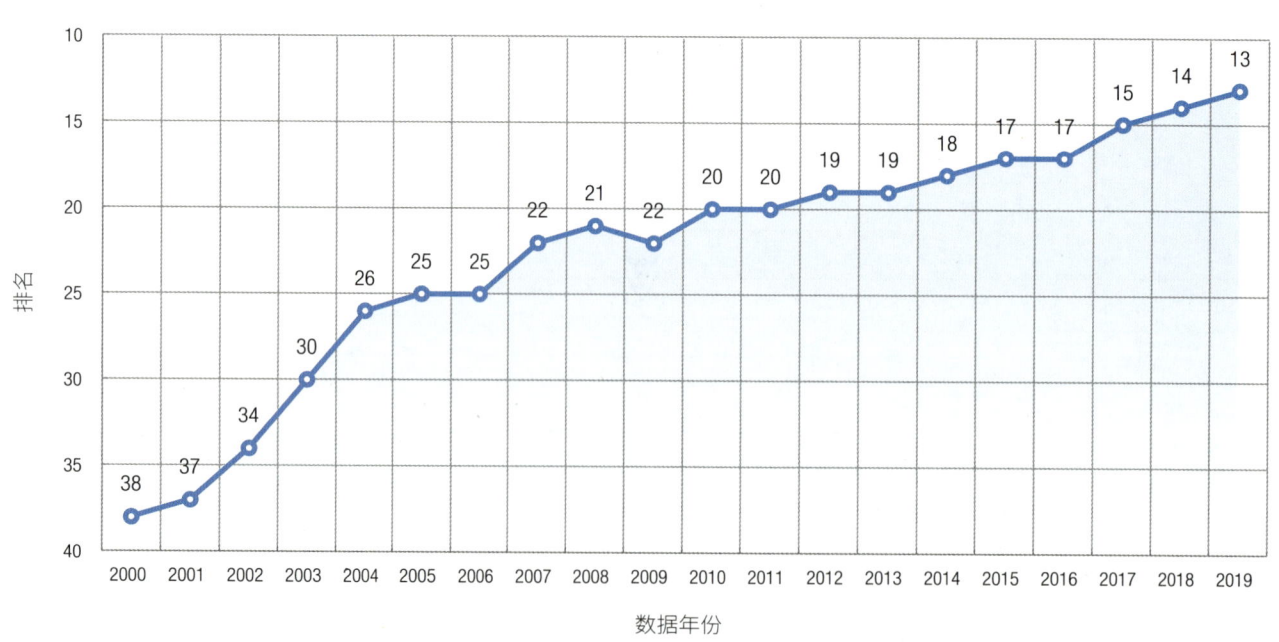

2019年，国家创新指数排名前15位的国家依次为美国、瑞士、日本、韩国、荷兰、瑞典、以色列、丹麦、德国、新加坡、英国、爱尔兰、中国、芬兰和法国。从创新指数得分看，瑞士、美国、日本和韩国均高于80分，显著领先其他国家。得分介于75~80分的国家为荷兰、瑞典、以色列、丹麦、德国和新加坡。包括中国在内的其他5个国家得分在75分以下。显然，中国在第一集团中的得分较低，相比位居创新型国家前列的国家还有较大差距（表4-1）。

表 4-1
国家创新指数排名前 15 位的国家

排名	国家	指数得分 (中位数 76.5 分)
1	美国	100.0
2	瑞士	95.7
3	日本	89.9
4	韩国	88.4
5	荷兰	79.2
6	瑞典	78.9
7	以色列	76.9
8	丹麦	76.5
9	德国	75.5
10	新加坡	75.4
11	英国	71.6
12	爱尔兰	71.0
13	中国	70.8
14	芬兰	70.7
15	法国	69.9

近十几年，中国在国家创新指数的5个一级指标上的得分均有不同程度的提高，但与排名靠前的国家尚有较大差距。2019年，中国在创新资源、知识创造、企业创新、创新绩效和创新环境上的指数得分分别为58.4分、75.4分、38.0分、52.2分和78.4分，排名依次为第25位、第3位、第13位、第17位和第17位。从图4-2可以看出，中国在知识创造、创新绩效和创新环境等3个指标上已经与位居前列的创新型国家水平相当，而在创新资源和企业创新2个指标上差距明显。

图 4-2　中国与创新指数排前 5 位的国家

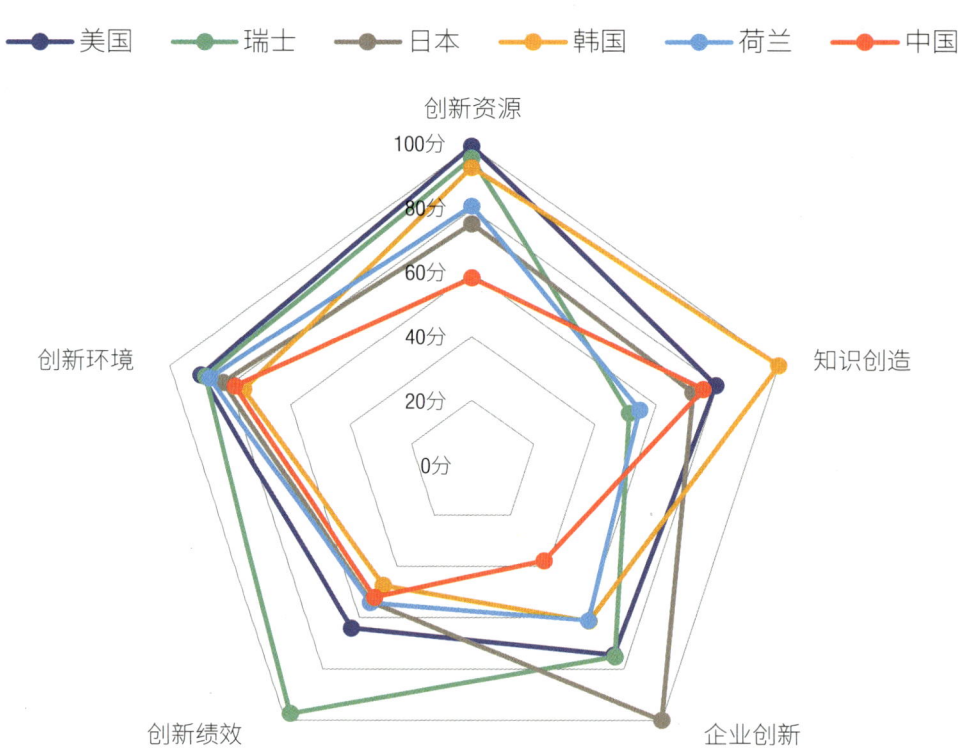

从国家创新指数分指数排名看,美国、瑞士、韩国、丹麦和荷兰是创新资源分指数排名前 5 位的国家。与这 5 个国家相比,中国总体上处于落后位置。从 6 个二级指标的表现看,中国除了研究与试验发展经费占世界比重具有明显优势,其他几个指标与 5 个前列国家的差距比较大。特别是"基础研究经费占全社会研发经费的比重""研究与试验发展人力投入强度""科技人力资源培养水平"3 个指标,中国的得分均不到 40 分,是创新资源表现不佳的主要因素(图 4-3)。

图 4-3 中国与创新资源分指数排前 5 位的国家

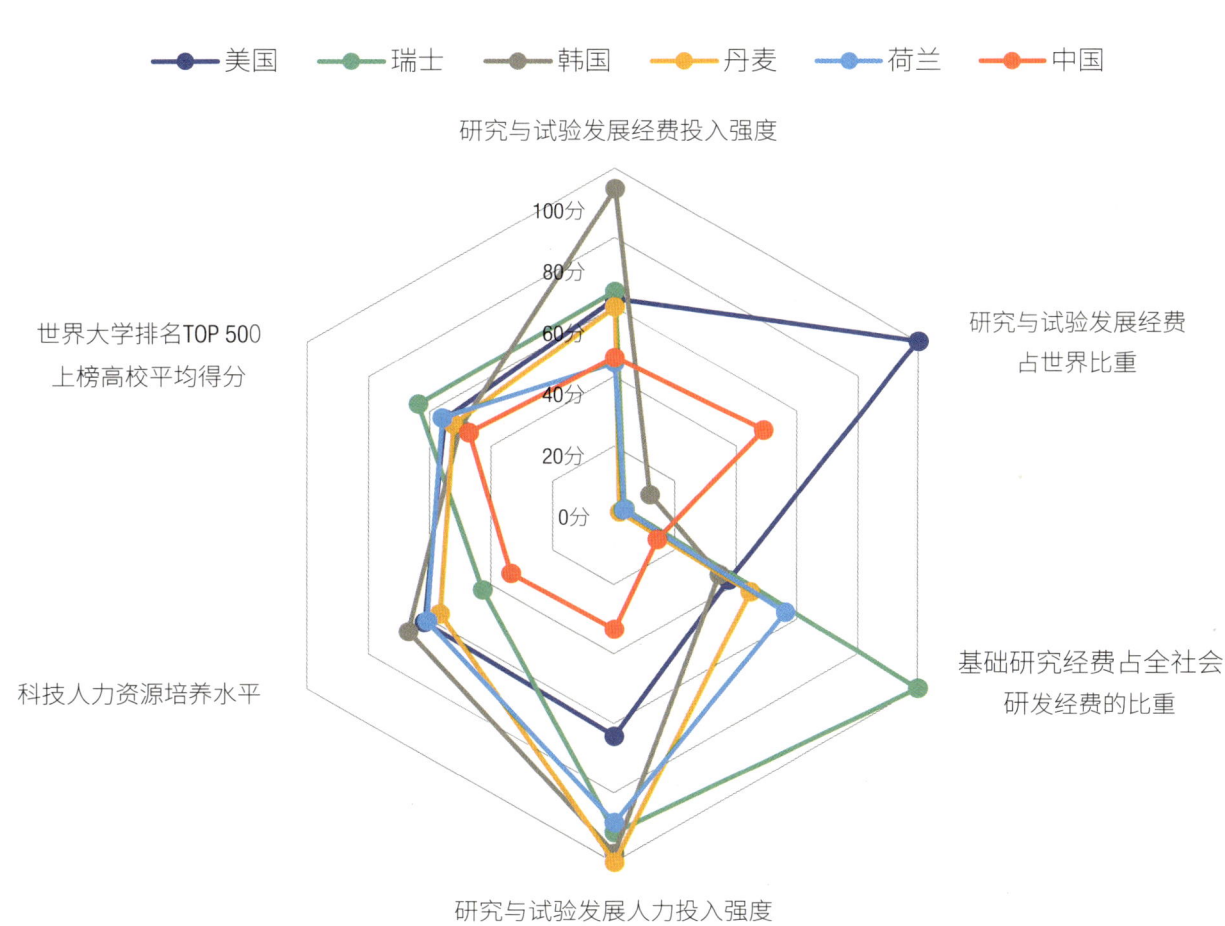

知识创造分指数排名前5位的国家依次为韩国、美国、中国、日本和英国。这是中国唯一进入前5位的分指数，构成了中国的创新比较优势。从5个二级指标的表现看，5个前列国家均存在明显的优势和短板。中国的优势指标是"工业增加值平均工业设计注册申请数"和"有效专利数量占世界比重"，而"学术部门百万研究与试验发展经费科学论文被引次数"和"亿美元经济产出的发明专利授权数"2个指标得分较低，均在35分以下（图4-4）。中国若要在知识创造方面有更佳表现，需要补齐这两个短板指标，大幅提升国际论文的影响力和专利产出效率。

图4-4　中国与知识创造分指数排前5位的国家

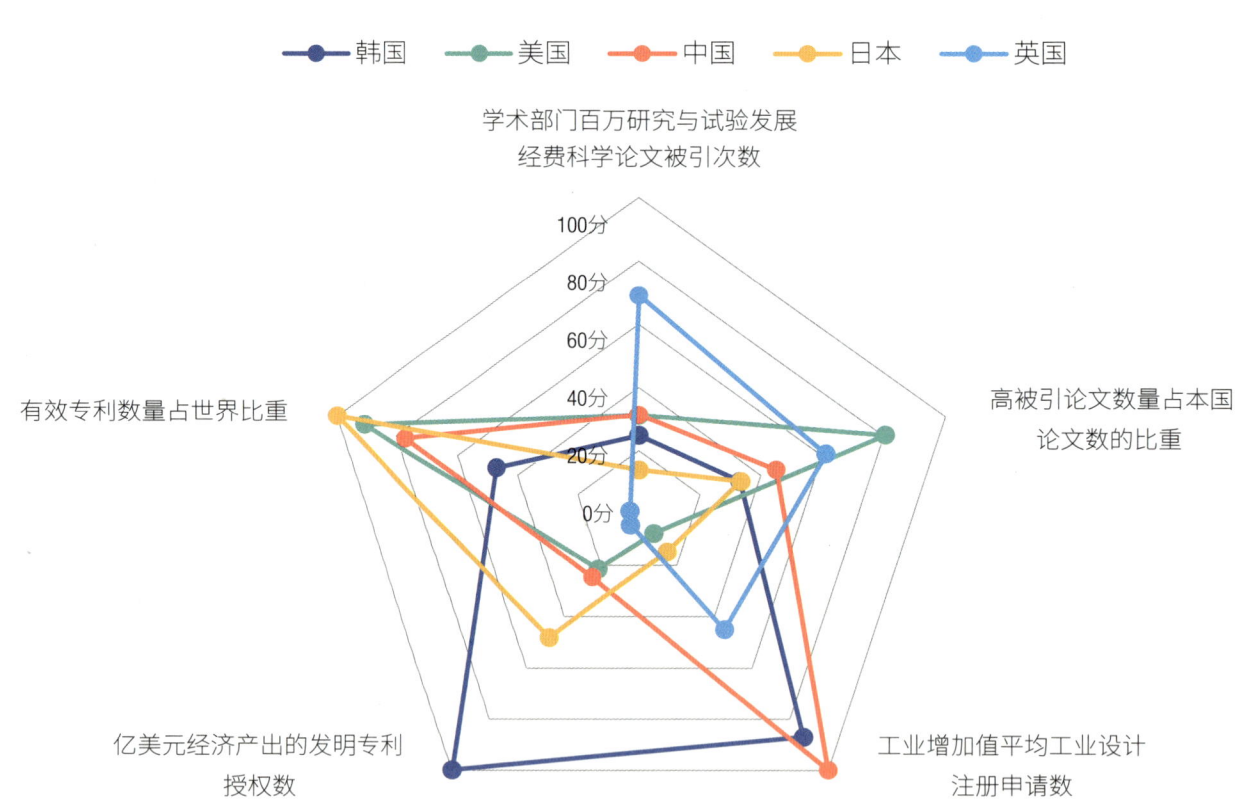

日本、瑞士、美国、以色列和韩国是企业创新分指数排名前 5 位的国家。中国的企业创新得分仅 38.0 分，在 5 个分指数中分值最低。从 5 个二级指标的表现看，中国相比 5 个前列国家处于明显落后位置。除"企业研究人员占全社会研究人员比重"指标得分接近 60 分，中国其他几个指标得分均不到 30 分。"万名企业研究人员 PCT 专利申请数"和"知识产权使用费收入占服务业出口额比重" 2 个指标表现最差，与前列国家的差距明显（图 4-5）。

图 4-5 中国与企业创新分指数排前 5 位的国家

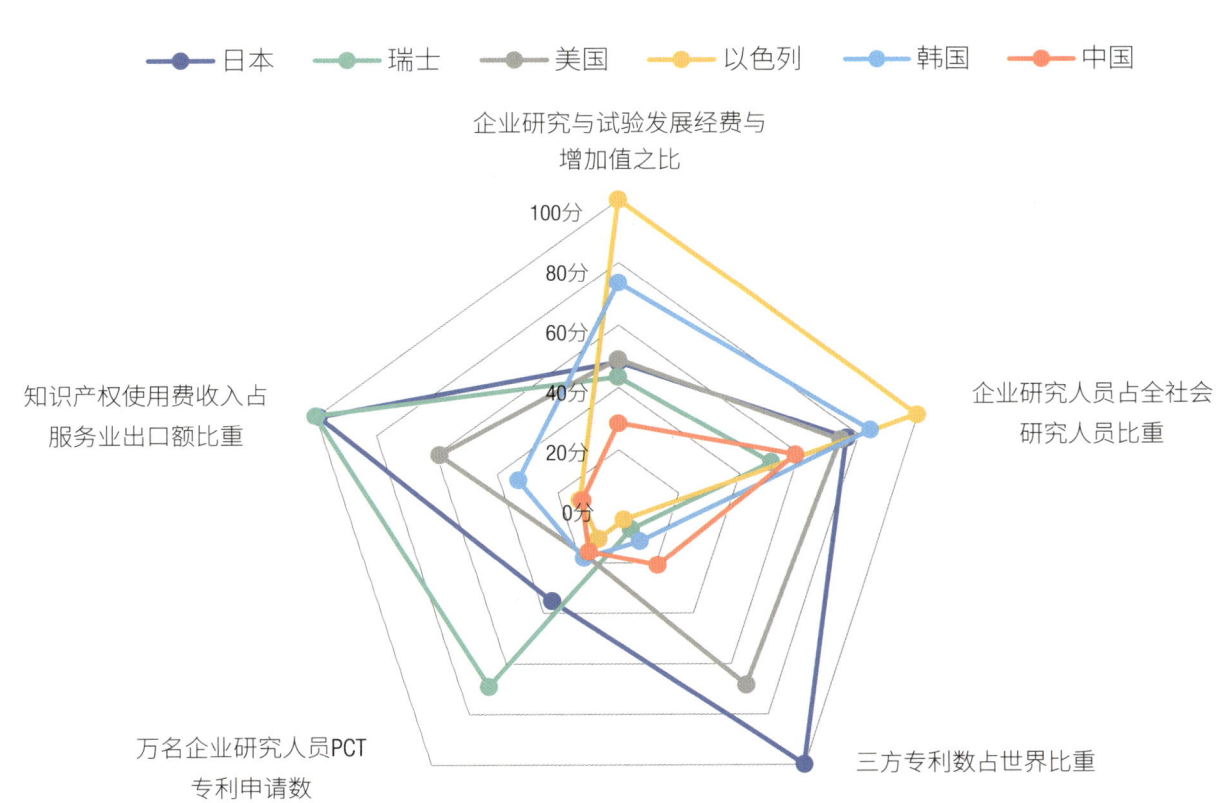

创新绩效分指数排名前 5 位的国家分别是瑞士、爱尔兰、瑞典、丹麦和德国。与这 5 个前列国家相比，中国的 6 个二级指标存在明显的差异。"高技术产品出口额占世界比重"指标领先于 5 个前列国家，"高技术和中高技术产业增加值占制造业增加值比重"与 5 个前列国家的水平相当，"劳动生产率""单位能源消耗的经济产出""单位 CO_2 排放的经济产出""知识密集型服务业增加值占服务业增加值比重"等 4 个指标则大幅落后于前列国家，得分均在 25 分以下（图 4-6）。

图 4-6 中国与创新绩效分指数排前 5 位的国家

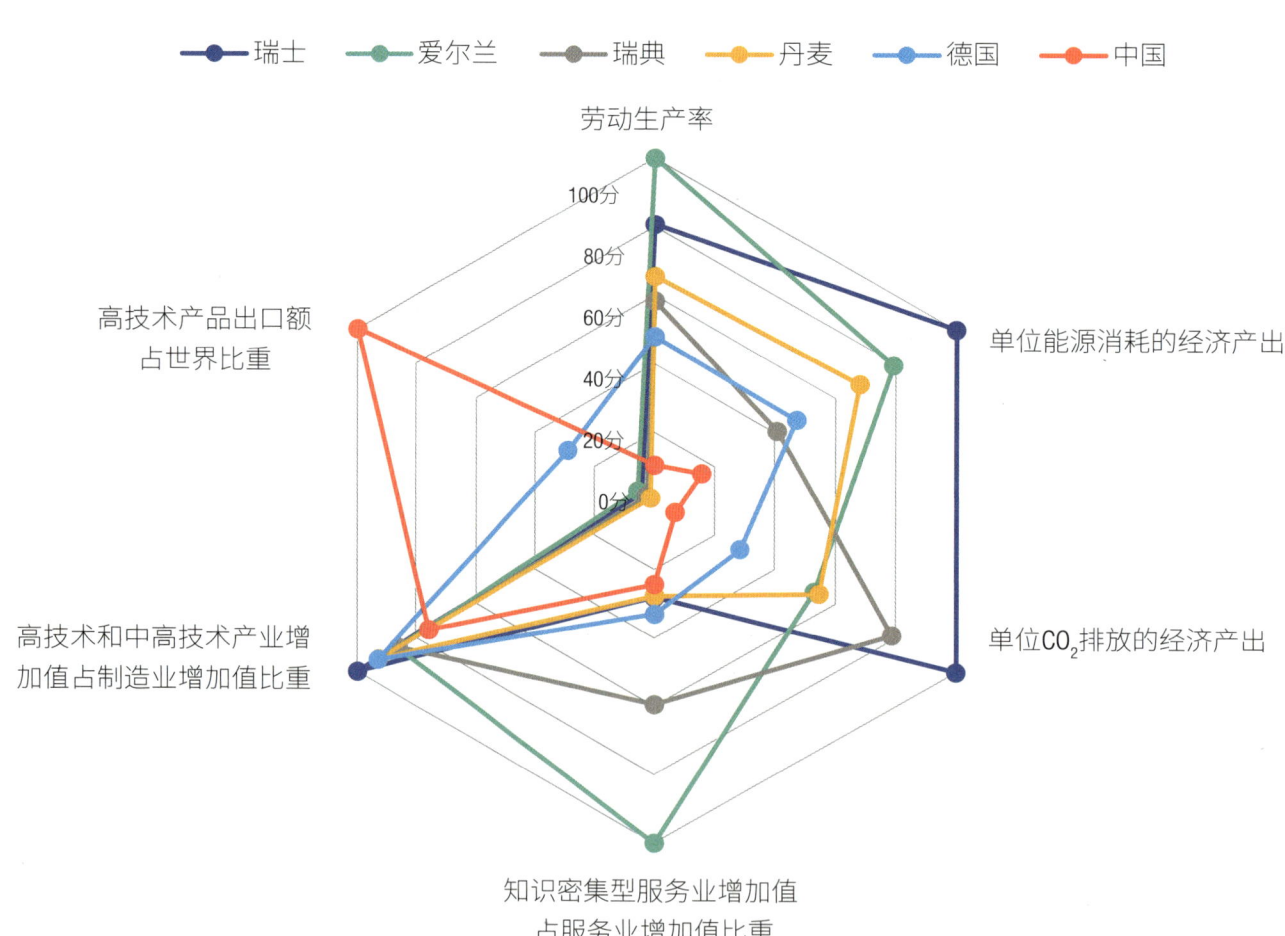

创新环境分指数排名前5位的国家分别是新加坡、芬兰、美国、瑞士和荷兰。中国的创新环境得分在5个分指数中最高，8个二级指标与5个前列国家的差距不明显。在"政府规章对企业负担影响""营商环境指数""信息化发展水平""风险资本可获得性"等4个指标的表现上，中国与5个前列国家水平相当，得分都在80分以上。唯一表现不佳的指标是"亿美元GDP外商直接投资净流入"（图4-7）。

图 4-7 中国与创新环境分指数排前 5 位的国家

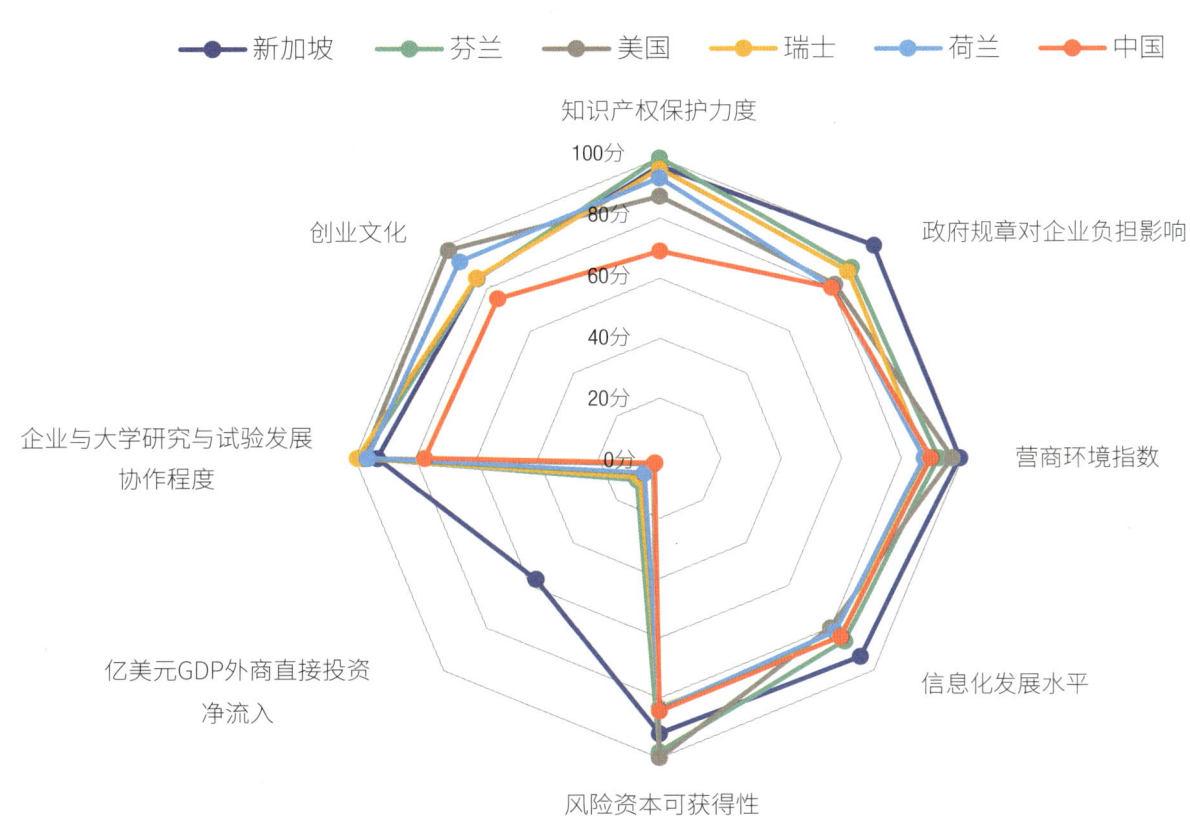

作为唯一进入创新指数第一集团的发展中国家，中国通过实施自主创新和科技自立自强发展战略，在全球创新版图上占据了重要一席。自2021年开始，中国进入了以跻身创新型国家前列为目标的新阶段。如何保持并增强已经取得的创新优势，弥补和扭转处于落后位置的创新短板，是摆在中国创新发展道路上的严峻挑战。从5个创新指数分指数与排名前列的国家比较来看，中国的部分指标排名已经处于国际前列，具有明显优势，但也有相当部分指标长期处于落后位置。在30个二级指标中，中国有6个指标得分超过80分，国际排名靠前；同时，有19个指标得分在60分以下，表现不佳，其中有11个指标得分不到30分，是严重影响中国创新指数进步的短板。为了进一步提升创新指数国际排名，缩小与前列国家间的差距，中国需要着力增强企业创新能力，提升创新效率和质量，大力推进节能减排和减碳降耗，实现创新驱动经济高质量发展。

国家创新指数指标评价

（一）创新资源投入水平继续提升

创新资源涵盖了全社会对创新活动的投入力度、创新人才资源的储备状况，以及创新资源配置结果，是一个国家持续开展创新活动的基本保障。创新资源分指数采用研究与试验发展经费投入强度、研究与试验发展经费占世界比重、基础研究经费占全社会研发经费的比重、研究与试验发展人力投入强度、科技人力资源培养水平、世界大学排名 TOP 500 上榜高校平均得分 6 个二级指标，从人力资源、经费资源两方面对国家创新资源配置能力进行测度。

1. 创新资源排名靠后，但较上年提升 2 位

中国创新资源分指数得分 58.4 分，较上年提升 2.7 分，国际排名第 25 位，较上年提升 2 个位次，在 5 个一级指标中排名相对靠后。今年报告对创新资源指标进行了调整，新增基础研究经费占全社会研发经费的比重、世界大学排名 TOP 500 上榜高校平均得分 2 个指标，取代了信息化发展水平指标，可见创新资源分指数加强了对基础研究、高等教育等方面的评价。创新资源排名的上升，主要与研究与试验发展经费投入强度、科技人力资源培养水平提升有关。

2. 研发经费规模大，研发人力投入强度表现欠佳

从创新资源 6 个二级指标来看，中国有 3 个指标进入世界前 15 位，其中 2 个指标与研发经费投入相关。研究与试验发展经费占世界比重居世界第 2 位；研究与试验发展经费投入强度居第 13 位，较上年提升 1 位；世界大学排名 TOP 500 上榜高校平均得分排第 14 位，与上年持平。与人力相关的 2 个指标排名较为落后，研究与试验发展人力投入强度排在第 33 位；科技人力资源培养水平居第 35 位，较上年提升 1 位。

从二级指标的变化趋势看,中国的研发经费投入规模十几年来一直处于世界前列,目前已稳居全球第二的位置;研发投入强度稳步提升,已跻身世界中上游水平。科技人力资源培养水平和研究与试验发展人力投入强度增速缓慢,国际排名始终保持在 30 位以后(图 4-8)。

图 4-8 中国创新资源分指数构成指标的世界排名

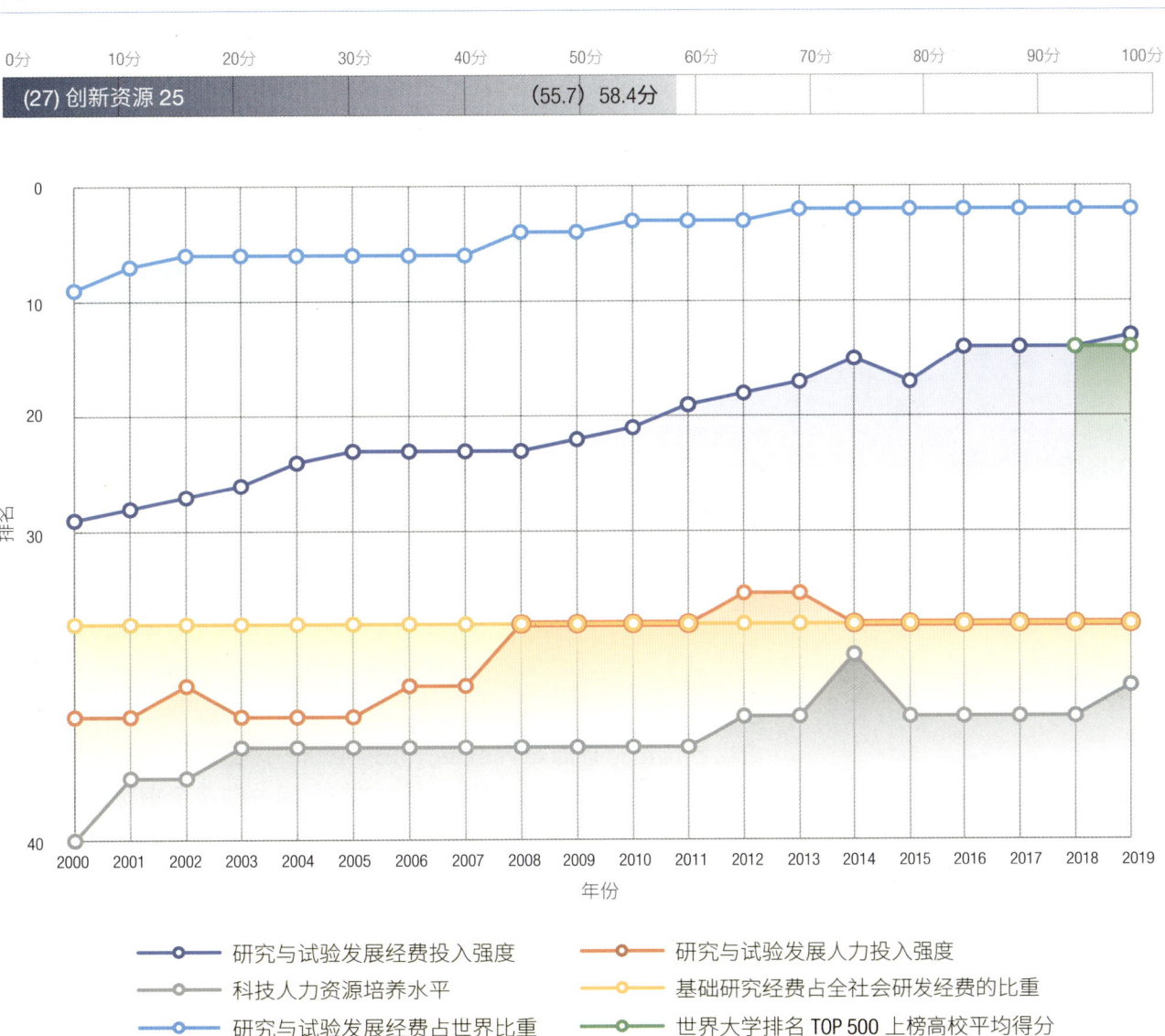

注:括号中数据为上年相关排名和得分。下同。

3. 基础研究投入比例低位徘徊，与发达国家差距较大

尽管中国研发经费投入总量处于全球领先水平，但基础研究投入不足的问题较为突出。中国基础研究经费占全社会研发经费的比重指标排名靠后，居第 33 位。中国基础研究经费投入占比为 6.03%，与美国（15.99%）、日本（12.50%）、韩国（14.67%）、英国（18.02%）、法国（22.71%）等科技创新发达国家差距明显。

（二）知识创造水平全球领先

知识创造水平是国家创新能力的直接体现，反映了一个国家的科研产出能力和科技整体实力。知识创造分指数采用学术部门百万研究与试验发展经费科学论文被引次数、高被引论文数量占本国论文数的比重、工业增加值平均工业设计注册申请数、亿美元经济产出的发明专利授权数、有效专利数量占世界比重 5 个二级指标，来测度国家知识创造和应用水平。

1. 知识创造排名靠前，较上年提升 1 位

中国的知识创造分指数得分 75.4 分，较上年提升 4.4 分，国际排名第 3 位，较上年提升 1 位，在 5 个一级指标中排名首位。知识创造分指数下设的 5 个二级指标中，高被引论文数量占本国论文数的比重、工业增加值平均工业设计注册申请数为新增指标，其余指标与上年相同。知识创造分指数排名的上升，主要得益于有效专利数量占世界比重的提高。

2. 专利产出优势全球领先，论文产出效率亟待提高

从 5 个二级指标国际排名看，中国与专利相关的 3 个指标排名靠前。工业增加值平均工业设计注册申请数、有效专利数量占世界比重指标居世界首位，领先全球；亿美元经济产出的发明专利授权数居世界第 3 位。与论文产出相关的 2 个指标排名相对落后，学术部门百万研究与试验发展经费科学论文被引次数、高被引论文数量占本国论文数的比重均排名第 29 位，产出效率仍待提高（图 4-9）。

图 4-9　中国知识创造分指数构成指标的世界排名

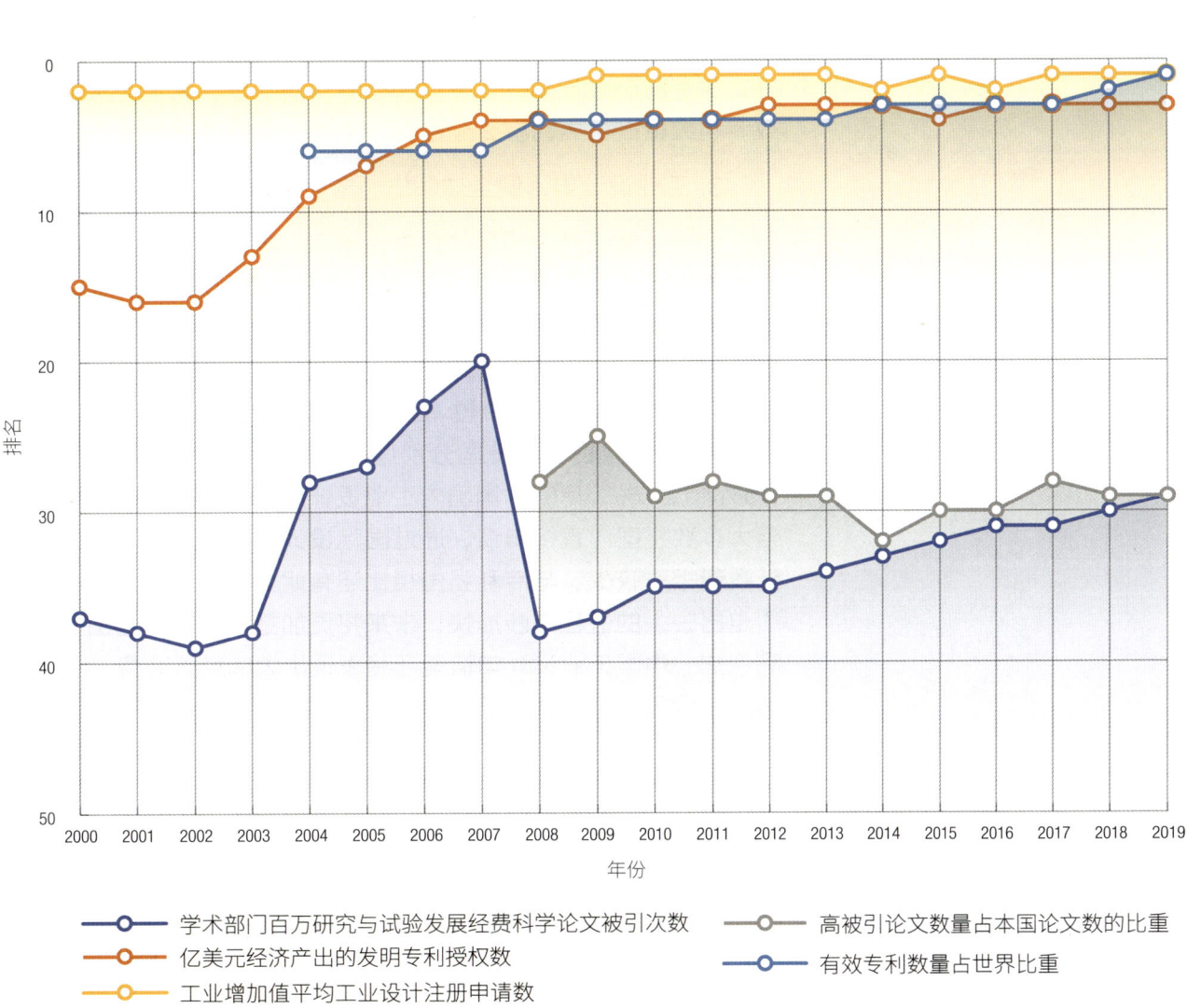

从二级指标的变化趋势看，亿美元经济产出的发明专利授权数排名上升快、提升幅度大，从 2000 年的第 15 位提高至 2019 年的第 3 位；学术部门百万研究与试验发展经费科学论文被引次数排名呈波动上升趋势，2000 年以来提升了 6 个位次；高被引论文数量占本国论文数的比重排名基本稳定，近 10 年保持在第 30 位左右的水平，这表明中国论文的整体影响力有待进一步提升。在专利产出方面，工业增加值平均工业设计注册申请数、有效专利数量占世界比重 2 个指标长期处于全球领先地位。

3. 工业设计申请量全球领先，未来仍有较大发展空间

全球工业设计申请量的集中度较高，中国、韩国、英国、日本和美国 5 个国家的工业设计申请量之和占全球的 90% 以上。2019 年，中国国内工业设计申请量达 53.9 万件，较 2018 年增长 4.2%，占世界总量的 76.2%，继续居全球首位；韩国国内发明专利申请量居世界第 2 位，占世界总量的 6.5%；英国居第 3 位，占比为 3.2%；日本和美国分别居第 4 位和第 5 位，占比分别为 2.9% 和 2.6%。尽管中国国内工业设计申请量已达到较大规模，但大多数是国内直接申请，通过国际设计系统提交的工业外观设计数量相对较少，与专利强国相比还有明显差距。随着中国企业"走出去"的进程不断加快，未来将更加重视在全球范围内的专利保护，中国工业设计申请量还将表现出大幅增长态势。

（三）企业创新能力逐步提升

企业是开展创新活动的重要主体，也是国家创新体系的重要组成部分。企业创新的规模和质量，在很大程度上代表着一个国家的创新能力与水平。企业创新能力分指数采用企业研究与试验发展经费与增加值之比、企业研究人员占全社会研究人员比重、三方专利数占世界比重、万名企业研究人员 PCT 专利申请数、知识产权使用费收入占服务业出口额比重 5 个指标，综合测度企业创新活动。

1. 企业创新排名靠前，较上年提升 1 位

中国企业创新分指数得分 38.0 分，较上年小幅提高 0.4 分，国际排名第 13 位，较上年提升 1 个位次，在 5 个一级指标中排名靠前。企业创新分指数的 5 个二级指标较上年有所调整，新增了知识产权使用费收入占服务业出口额比重指标。企业创新排名上升的主要原因是万名企业研究人员 PCT 专利申请数、三方专利数占世界比重排名的提升，其余指标排名基本稳定。

2. PCT 申请跃居世界首位，研发人员投入占比有所下滑

中国企业创新的 5 个二级指标排名相对均衡，三方专利数占世界比重、企业研究人员占全社会研究人员比重排名进入第一集团，分别居第 3 位和第 13 位；企业研究与试验发展经费与增加值之比居第 16 位，知识产权使用费收入占服务业出口额比重排名第 21 位，与上年持平；万名企业研究人员 PCT 专利申请数排名显著提升，较上年提升 4 个位次，居第 16 位（图 4-10）。

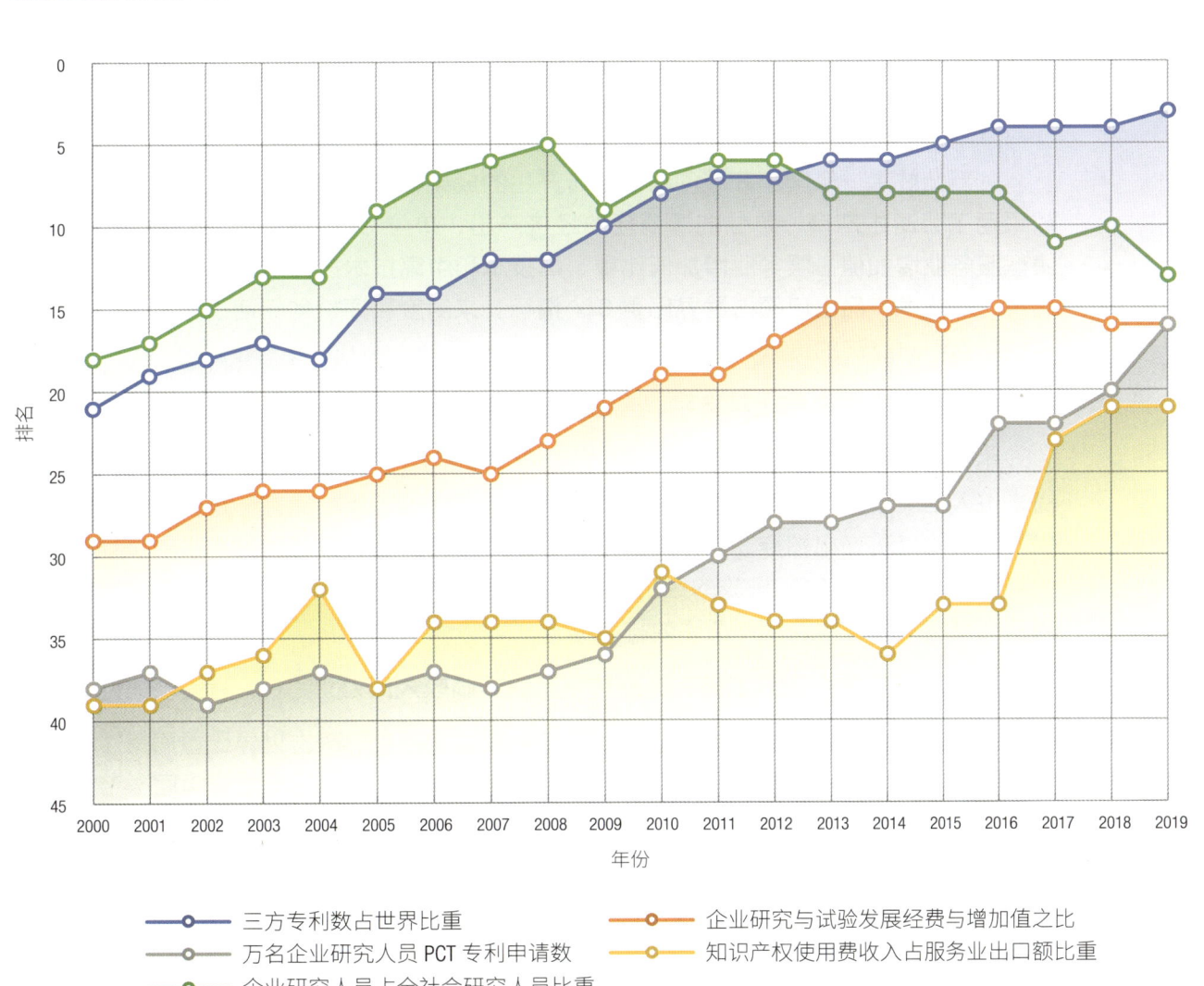

图 4-10 中国企业创新分指数构成指标的世界排名

中国的PCT申请量超过美国，跃居全球首位，但从产出效率看，万名企业研究人员PCT专利申请数排名还有提升空间，尚未进入第一集团。中国的企业研究人员多年来一直处于持续增长态势，但2017年增速出现明显下滑，导致其占全社会研究人员比重显著下降，2019年的指标排名继续下滑，与上年相比下降3个位次。

3. 知识产权使用费收入增幅显著，企业知识产权能力不断提升

知识产权使用费收入占比指标排名从2000年的第39位上升至第21位，提高了18个位次，指标排名进入第二集团。近年来，我国知识产权使用费收入一直保持增长态势，特别是在2017年大幅提升，当年增速居国内服务贸易之首。从国际比较看，2019年我国知识产权使用费收入85.55亿美元，低于美国（1174.0亿美元），日本（430.3亿美元）、德国（358.7亿美元），高于韩国（68.6亿美元）、俄罗斯（10.1亿美元）。总体来看，我国已成为全球知识产权贸易的重要参与者，虽与美国、日本等发达国家存在一定差距，但企业知识产权能力稳步增强，国家知识产权创造、保护、运用等"全链条"发展水平大幅提升，未来知识产权进出口将在我国科技创新和经济合作中处于更加重要的地位。

（四）创新绩效保持稳定

创新绩效是一个国家开展创新活动所产生的成果和影响的集中表现。创新绩效分指数采用了劳动生产率、单位能源消耗的经济产出、单位CO_2排放的经济产出、知识密集型服务业增加值占服务业增加值比重、高技术和中高技术产业增加值占制造业增加值比重、高技术产品出口额占世界比重6个指标，来测度和评价创新活动的产出水平，以及创新活动对经济的贡献。

1. 创新绩效排名与上年持平，未进入第一集团

中国创新绩效分指数得分52.2分，较上年小幅提高，国际排名第17位，与上年持平，尚未进入第一集团。创新绩效分指数的6个二级指标较上年相比有一定变化，新增单位CO_2排放的经济产出指标，其余指标略有调整。整体来看，劳动生产率、单位能源消耗的经济产出、单位CO_2排放的经济产出、知识密集型服务业增加值占服务业增加值比重指标排名靠后，制约了创新绩效排名提升。

2. 二级指标排名差异显著，产业转型升级面临较大压力

创新绩效6个二级指标排名差异显著。高技术产品出口额占世界比重居第1位，高技术和中高技术产业增加值占制造业增加值比重居第14位，处于第一集团；劳动生产率排名第38位，单位CO_2排放的经济产出排名第37位，单位能源消耗的经济产出排名第36位，知识密集型服务业增加值占服务业增加值比重排名第21位。二级指标排名上的不平衡表现说明，中国创新绩效主要依靠高技术产业产出规模和技术总量来拉动，在产业转型升级方面仍面临较大压力。

从二级指标的变化趋势看，自 2000 年以来，中国劳动生产率、单位能源消耗的经济产出、单位 CO_2 排放的经济产出的指标数值在逐年提高，但提升幅度不明显，国际排名一直在倒数后 3 位。中国在高技术产业出口方面拥有较强的竞争优势，高技术产品出口额自 2007 年以来一直为全球首位，是拉动创新绩效的主要力量（图 4-11）。

图 4-11 中国创新绩效分指数构成指标的世界排名

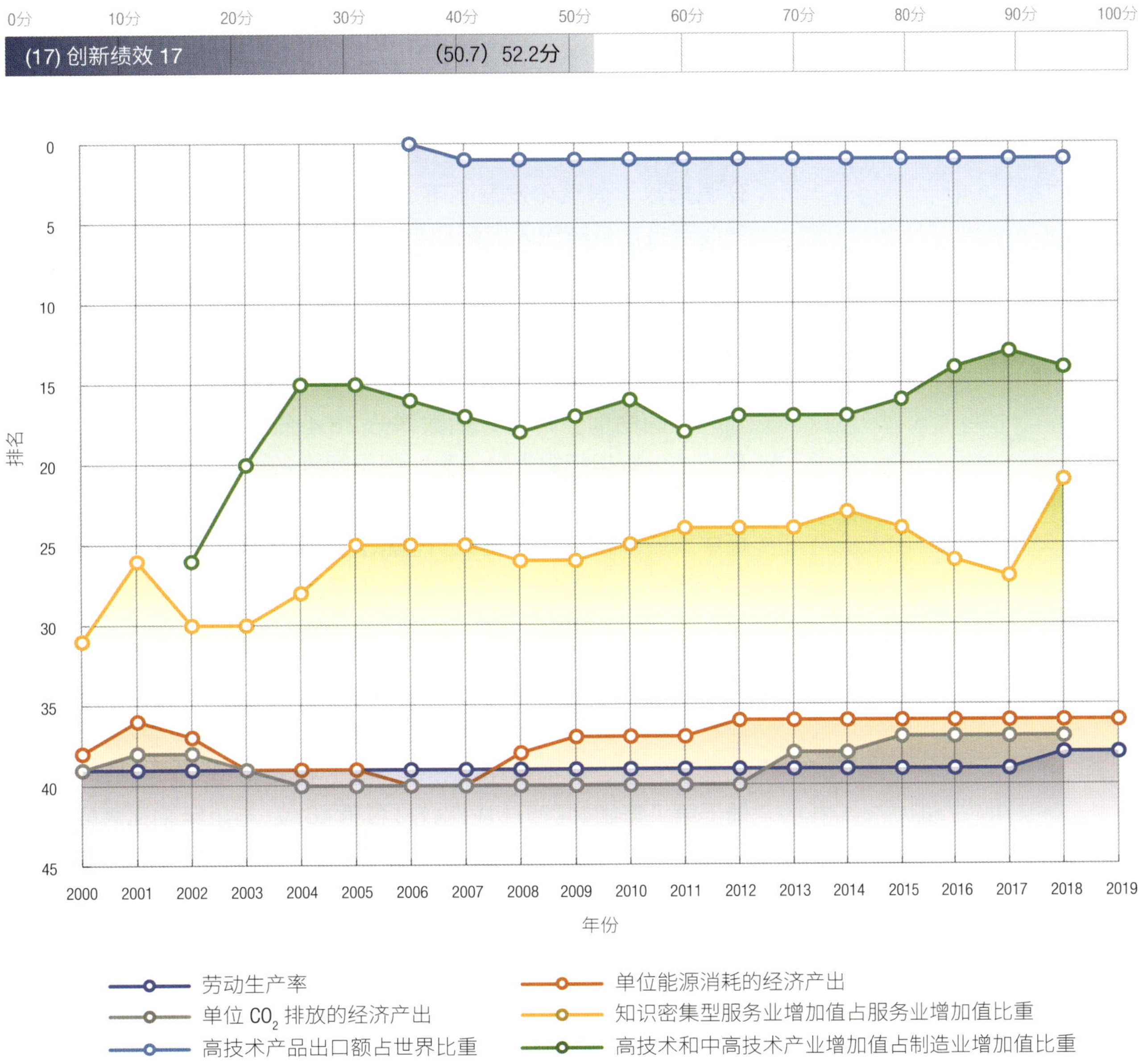

	0分	10分	20分	30分	40分	50分	60分	70分	80分	90分	100分
(17) 创新绩效 17					(50.7) 52.2分						

○ 劳动生产率　　　　　　　　　　　○ 单位能源消耗的经济产出
○ 单位 CO_2 排放的经济产出　　　　○ 知识密集型服务业增加值占服务业增加值比重
○ 高技术产品出口额占世界比重　　○ 高技术和中高技术产业增加值占制造业增加值比重

3. 知识密集型服务业蓬勃兴起，发展潜力大

我国知识密集型服务业占比排名快速提升，从 2002 年的第 30 位上升至 2019 年的第 21 位，提升了 9 个位次。2002—2018 年，中国知识密集型服务业增加值从 182.8 亿美元增至 2899.9 亿美元，年均增速 18.9%，快于同期美国（6.0%）、英国（3.9%）、韩国（6.9%）和日本（1.0%）等主要创新国家。总体来看，当前我国知识密集型服务业发展态势良好，但整体规模偏低，与发达国家相比仍然存在很大差距，知识密集型服务业比重仍然偏低，未来有较大发展空间。

（五）创新环境小幅下降

创新环境是提升国家创新能力的重要基础和保障。创新环境分指数采用知识产权保护力度、政府规章对企业负担影响、营商环境指数、信息化发展水平、风险资本可获得性、亿美元 GDP 外商直接投资净流入、企业与大学研究与试验发展协作程度、创业文化 8 个二级指标，从不同角度综合测度创新活动的环境和氛围。

1. 创新环境得分较高，排名较上年下降 1 个位次

中国的创新环境分指数得分 78.4 分，较上年提高 4.3 分，在 5 个一级指标中得分最高；但国际排名较上年下降 1 个位次，居第 17 位，尚未进入第一集团。创新环境分指数的 8 个二级指标中，新增营商环境指数、信息化发展水平和亿美元 GDP 外商直接投资净流入 3 个指标，其余指标与上年相同。

2. 3 个二级指标进入前 10 位，营商环境进步显著

在创新环境下设的 8 个指标中，中国排名进入前 15 位的指标有 3 个：政府规章对企业负担影响、风险资本可获得性和信息化发展水平，分别排在第 8 位、第 8 位和第 10 位。其他指标均处于第二集团。营商环境指数排名第 18 位，与上年相比大幅提升，提高了 12 个位次。企业与大学研究与试验发展协作程度、创业文化指标排名保持稳定，分别排在第 22 位和第 19 位（表 4-2）。

表 4-2
中国创新环境指标排名情况

	0分	10分	20分	30分	40分	50分	60分	70分	80分	90分	100分
(16) 创新环境 17								(74.1) 78.4分			

年份	知识产权保护力度	政府规章对企业负担影响	营商环境指数	信息化发展水平	风险资本可获得性	亿美元 GDP 外商直接投资净流入	企业与大学研究与试验发展协作程度	创业文化
2005	35	12	—	30	34	16	23	8
2006	36	14	—	34	39	18	23	14
2007	35	10	—	38	33	21	22	16
2008	30	6	—	34	28	19	20	12
2009	21	5	—	30	12	14	22	6
2010	28	7	—	26	11	9	24	8
2011	28	6	—	25	12	14	26	8
2012	27	3	—	30	8	14	25	3
2013	25	6	—	32	5	13	25	4
2014	32	9	37	33	11	15	25	4
2015	33	9	37	33	9	18	23	6
2016	28	7	37	—	7	29	22	6
2017	29	8	37	16	7	29	22	21
2018	30	8	30	10	8	22	22	19
2019	—	—	18	—	—	29	—	—

3. 外商直接净投资有所回落，知识产权保护相对落后

2019 年，中国亿美元 GDP 外商直接投资净流入排名第 29 位，较上年下降 7 位。近年来，全球跨国直接投资持续低迷、国际引资竞争日益加剧，导致我国外商直接净投资额增速放缓，外商直接净投资与 GDP 比重排名下降。知识产权保护力度指标排名长期落后于其他指标，自 2007 年以来，除 2009 年外，该指标排名一直处于第 25 位至第 35 位。虽然近年来我国知识产权保护力度排名有小幅提升，知识产权保护力度不断加大，但与主要发达国家相比差距依然存在。《全球竞争力报告 2019》显示，中国知识产权保护力度为 4.5，低于美国（5.7）、英国（5.5）、日本（6.0）、韩国（4.6），在知识产权保护方面仍存在进一步提升的空间。

5 国别分析

国家创新指数报告 2021

阿根廷

2021 总指数排名
38

人口 / 万人	4493.87
国土面积 / 万平方千米	278
GDP 总量 / 亿美元	4454.45
人均 GDP / 美元	9912.28
单位能耗产出 / (美元 / 千克标准油)	5.40
R&D 经费投入 / 亿美元	35.81
R&D 经费投入强度	0.56%
SCI 收录论文 / 篇	10 729
PCT 专利申请 / 件	34
高技术产业占制造业出口比重	5.21%

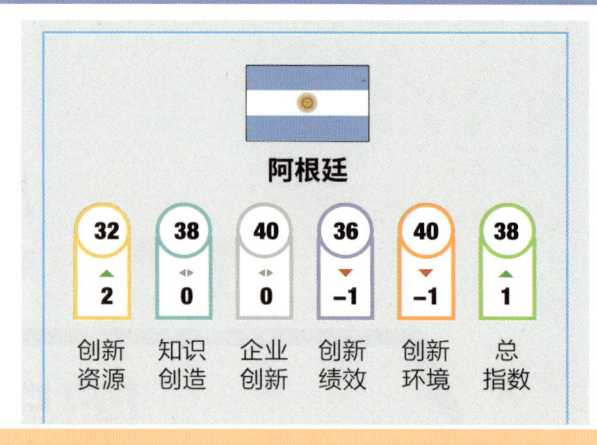

阿根廷

	创新资源	知识创造	企业创新	创新绩效	创新环境	总指数
排名	32	38	40	36	40	38
变化	▲2	◆0	◆0	▼-1	▼-1	▲1

创新资源 — 得分/排名: 32

	得分	排名
1.1 研究与试验发展经费投入强度	45.3	38
1.2 研究与试验发展经费占世界比重	48.8	30
1.3 基础研究经费占全社会研发经费的比重	14.1	9
1.4 研究与试验发展人力投入强度	32.9	36
1.5 科技人力资源培养水平	33.7	7
1.6 世界大学排名 TOP 500 上榜高校平均得分	47.4	23

知识创造 — 38

	得分	排名
2.1 学术部门百万研究与试验发展经费科学论文被引次数	31.2	38
2.2 高被引论文数量占本国论文数的比重	45.1	32
2.3 工业增加值平均工业设计注册申请数	42.0	14
2.4 亿美元经济产出的发明专利授权数	24.8	39
2.5 有效专利数量占世界比重	77.0	30

企业创新 — 40

	得分	排名
3.1 企业研究与试验发展经费与增加值之比	28.4	38
3.2 企业研究人员占全社会研究人员比重	59.0	40
3.3 三方专利数占世界比重	21.1	37
3.4 万名企业研究人员 PCT 专利申请数	15.7	38
3.5 知识产权使用费收入占服务业出口额比重	11.9	25

创新绩效 — 36

	得分	排名
4.1 劳动生产率	10.3	35
4.2 单位能源消耗的经济产出	15.7	32
4.3 单位 CO_2 排放的经济产出	6.9	31
4.4 知识密集型服务业增加值占服务业增加值比重	24.5	29
4.5 高技术和中高技术产业增加值占制造业增加值比重	75.8	37
4.6 高技术产品出口额占世界比重	88.0	39

创新环境 — 40

	得分	排名
5.1 知识产权保护力度	68.9	37
5.2 政府规章对企业负担影响	80.1	35
5.3 营商环境指数	89.7	40
5.4 信息化发展水平	84.5	36
5.5 风险资本可获得性	84.4	39
5.6 亿美元 GDP 外商直接投资净流入	2.3	26
5.7 企业与大学研究与试验发展协作程度	76.9	37
5.8 创业文化	75.0	33

澳大利亚

2021 总指数排名
22

人口 / 万人	2536.57
国土面积 / 万平方千米	762
GDP 总量 / 亿美元	13 965.67
人均 GDP / 美元	55 057.20
单位能耗产出 /（美元 / 千克标准油）	10.28
R&D 经费投入 / 亿美元	253.40
R&D 经费投入强度	1.79%
SCI 收录论文 / 篇	82 670
PCT 专利申请 / 件	1767
高技术产业占制造业出口比重	21.52%

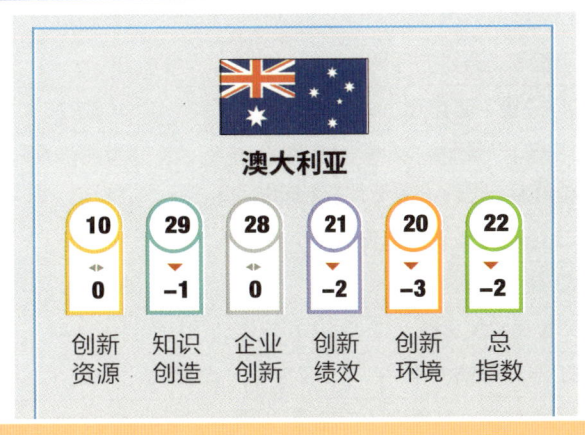

	得分	排名
创新资源		**10**
1.1 研究与试验发展经费投入强度	45.3	38
1.2 研究与试验发展经费占世界比重	48.8	30
1.3 基础研究经费占全社会研发经费的比重	14.1	9
1.4 研究与试验发展人力投入强度	32.9	36
1.5 科技人力资源培养水平	33.7	7
1.6 世界大学排名 TOP 500 上榜高校平均得分	47.4	23
知识创造		**29**
2.1 学术部门百万研究与试验发展经费科学论文被引次数	31.2	38
2.2 高被引论文数量占本国论文数的比重	45.1	32
2.3 工业增加值平均工业设计注册申请数	42.0	14
2.4 亿美元经济产出的发明专利授权数	24.8	39
2.5 有效专利数量占世界比重	77.0	30
企业创新		**28**
3.1 企业研究与试验发展经费与增加值之比	28.4	38
3.2 企业研究人员占全社会研究人员比重	59.0	40
3.3 三方专利数占世界比重	21.1	37
3.4 万名企业研究人员 PCT 专利申请数	15.7	38
3.5 知识产权使用费收入占服务业出口额比重	11.9	25

	得分	排名
创新绩效		**21**
4.1 劳动生产率	60.1	9
4.2 单位能源消耗的经济产出	37.1	19
4.3 单位 CO_2 排放的经济产出	18.9	25
4.4 知识密集型服务业增加值占服务业增加值比重	35.6	8
4.5 高技术和中高技术产业增加值占制造业增加值比重	42.7	29
4.6 高技术产品出口额占世界比重	0.9	29
创新环境		**20**
5.1 知识产权保护力度	87.5	10
5.2 政府规章对企业负担影响	62.0	23
5.3 营商环境指数	93.5	9
5.4 信息化发展水平	79.3	18
5.5 风险资本可获得性	67.6	26
5.6 亿美元 GDP 外商直接投资净流入	5.1	14
5.7 企业与大学研究与试验发展协作程度	70.5	26
5.8 创业文化	81.2	17

奥地利

2021 总指数排名 **17**

人口 / 万人	887.99
国土面积 / 万平方千米	8
GDP 总量 / 亿美元	4450.75
人均 GDP/ 美元	50 121.55
单位能耗产出 /（美元 / 千克标准油）	11.63
R&D 经费投入 / 亿美元	142.05
R&D 经费投入强度	3.19%
SCI 收录论文 / 篇	19 744
PCT 专利申请 / 件	1432
高技术产业占制造业出口比重	11.50%

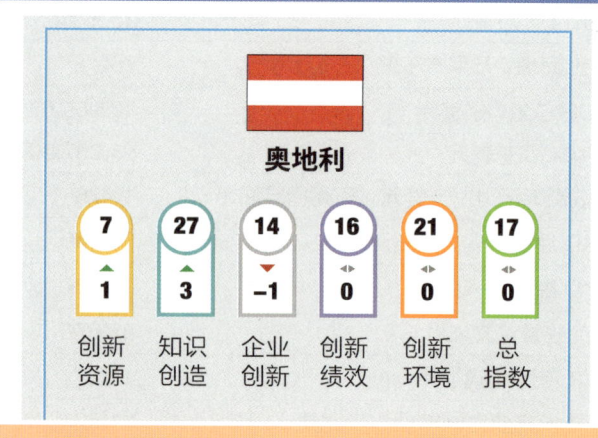

奥地利

	创新资源	知识创造	企业创新	创新绩效	创新环境	总指数
排名	7	27	14	16	21	17
变化	1	3	-1	0	0	0

创新资源 7

	得分	排名
1.1 研究与试验发展经费投入强度	64.7	5
1.2 研究与试验发展经费占世界比重	2.2	20
1.3 基础研究经费占全社会研发经费的比重	39.4	26
1.4 研究与试验发展人力投入强度	90.8	5
1.5 科技人力资源培养水平	60.7	11
1.6 世界大学排名 TOP 500 上榜高校平均得分	43.4	17

知识创造 27

	得分	排名
2.1 学术部门百万研究与试验发展经费科学论文被引次数	34.8	28
2.2 高被引论文数量占本国论文数的比重	67.3	9
2.3 工业增加值平均工业设计注册申请数	7.5	20
2.4 亿美元经济产出的发明专利授权数	10.3	13
2.5 有效专利数量占世界比重	0.9	13

企业创新 14

	得分	排名
3.1 企业研究与试验发展经费与增加值之比	45.8	7
3.2 企业研究人员占全社会研究人员比重	64.4	7
3.3 三方专利数占世界比重	2.3	15
3.4 万名企业研究人员 PCT 专利申请数	14.7	20
3.5 知识产权使用费收入占服务业出口额比重	8.2	27

创新绩效 16

	得分	排名
4.1 劳动生产率	55.0	13
4.2 单位能源消耗的经济产出	42.0	12
4.3 单位 CO_2 排放的经济产出	36.7	11
4.4 知识密集型服务业增加值占服务业增加值比重	20.3	26
4.5 高技术和中高技术产业增加值占制造业增加值比重	65.8	19
4.6 高技术产品出口额占世界比重	2.2	21

创新环境 21

	得分	排名
5.1 知识产权保护力度	90.2	8
5.2 政府规章对企业负担影响	67.3	19
5.3 营商环境指数	90.7	15
5.4 信息化发展水平	70.7	30
5.5 风险资本可获得性	70.9	22
5.6 亿美元 GDP 外商直接投资净流入	−3.2	35
5.7 企业与大学研究与试验发展协作程度	84.9	15
5.8 创业文化	73.3	23

比利时

2021 总指数排名 **18**

人口 / 万人	1148.90
国土面积 / 万平方千米	3
GDP 总量 / 亿美元	5332.55
人均 GDP/ 美元	46 414.44
单位能耗产出 /（美元 / 千克标准油）	9.74
R&D 经费投入 / 亿美元	154.05
R&D 经费投入强度	2.89%
SCI 收录论文 / 篇	26 602
PCT 专利申请 / 件	1350
高技术产业占制造业出口比重	9.73%

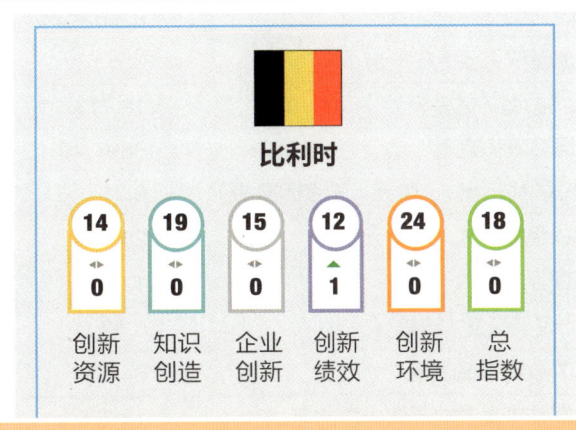

比利时

创新资源	知识创造	企业创新	创新绩效	创新环境	总指数
14	19	15	12	24	18
0	0	0	1	0	0

创新资源 — 14

	得分	排名
1.1 研究与试验发展经费投入强度	58.6	10
1.2 研究与试验发展经费占世界比重	2.3	19
1.3 基础研究经费占全社会研发经费的比重	23.8	31
1.4 研究与试验发展人力投入强度	80.3	13
1.5 科技人力资源培养水平	55.2	16
1.6 世界大学排名 TOP 500 上榜高校平均得分	45.8	15

知识创造 — 19

	得分	排名
2.1 学术部门百万研究与试验发展经费科学论文被引次数	48.3	21
2.2 高被引论文数量占本国论文数的比重	73.1	7
2.3 工业增加值平均工业设计注册申请数	5.3	29
2.4 亿美元经济产出的发明专利授权数	7.2	18
2.5 有效专利数量占世界比重	0.0	36

企业创新 — 15

	得分	排名
3.1 企业研究与试验发展经费与增加值之比	44.9	8
3.2 企业研究人员占全社会研究人员比重	58.0	16
3.3 三方专利数占世界比重	2.5	14
3.4 万名企业研究人员 PCT 专利申请数	12.9	22
3.5 知识产权使用费收入占服务业出口额比重	13.4	19

创新绩效 — 12

	得分	排名
4.1 劳动生产率	61.1	8
4.2 单位能源消耗的经济产出	35.2	20
4.3 单位 CO_2 排放的经济产出	29.6	17
4.4 知识密集型服务业增加值占服务业增加值比重	20.5	25
4.5 高技术和中高技术产业增加值占制造业增加值比重	78.4	13
4.6 高技术产品出口额占世界比重	5.7	11

创新环境 — 24

	得分	排名
5.1 知识产权保护力度	92.0	6
5.2 政府规章对企业负担影响	56.8	26
5.3 营商环境指数	86.4	30
5.4 信息化发展水平	72.2	28
5.5 风险资本可获得性	72.8	19
5.6 亿美元 GDP 外商直接投资净流入	−9.6	38
5.7 企业与大学研究与试验发展协作程度	89.8	12
5.8 创业文化	77.0	18

巴西

2021 总指数排名 **39**

人口 / 万人	21 104.95
国土面积 / 万平方千米	855
GDP 总量 / 亿美元	18 778.11
人均 GDP / 美元	8897.49
单位能耗产出 /（美元 / 千克标准油）	6.51
R&D 经费投入 / 亿美元	260.67
R&D 经费投入强度	1.26%
SCI 收录论文 / 万篇	5.82
PCT 专利申请 / 件	642
高技术产业占制造业出口比重	13.27%

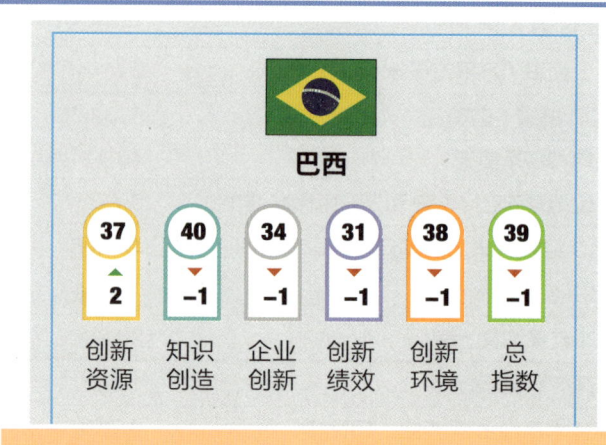

巴西

	创新资源	知识创造	企业创新	创新绩效	创新环境	总指数
排名	37	40	34	31	38	39
变化	2	−1	−1	−1	−1	−1

创新资源   37

	得分	排名
1.1 研究与试验发展经费投入强度	25.6	30
1.2 研究与试验发展经费占世界比重	4.0	10
1.3 基础研究经费占全社会研发经费的比重	—	—
1.4 研究与试验发展人力投入强度	17.1	35
1.5 科技人力资源培养水平	35.9	32
1.6 世界大学排名 TOP 500 上榜高校平均得分	38.6	24

知识创造   40

	得分	排名
2.1 学术部门百万研究与试验发展经费科学论文被引次数	15.2	39
2.2 高被引论文数量占本国论文数的比重	20.6	40
2.3 工业增加值平均工业设计注册申请数	10.1	12
2.4 亿美元经济产出的发明专利授权数	0.8	37
2.5 有效专利数量占世界比重	0.2	25

企业创新   34

	得分	排名
3.1 企业研究与试验发展经费与增加值之比	8.1	35
3.2 企业研究人员占全社会研究人员比重	26.8	35
3.3 三方专利数占世界比重	0.2	30
3.4 万名企业研究人员 PCT 专利申请数	4.6	30
3.5 知识产权使用费收入占服务业出口额比重	8.2	26

创新绩效   31

	得分	排名
4.1 劳动生产率	8.8	39
4.2 单位能源消耗的经济产出	23.5	27
4.3 单位 CO_2 排放的经济产出	22.8	21
4.4 知识密集型服务业增加值占服务业增加值比重	10.4	34
4.5 高技术和中高技术产业增加值占制造业增加值比重	71.4	15
4.6 高技术产品出口额占世界比重	1.3	26

创新环境   38

	得分	排名
5.1 知识产权保护力度	58.0	40
5.2 政府规章对企业负担影响	30.8	40
5.3 营商环境指数	68.1	39
5.4 信息化发展水平	62.5	35
5.5 风险资本可获得性	59.1	32
5.6 亿美元 GDP 外商直接投资净流入	6.5	10
5.7 企业与大学研究与试验发展协作程度	59.6	36
5.8 创业文化	68.2	27

注：— 表示数据缺失。

加拿大

2021 总指数排名 **25**

人口 / 万人	3759.34
国土面积 / 万平方千米	999
GDP 总量 / 亿美元	17 415.76
人均 GDP / 美元	46 326.67
单位能耗产出 /（美元 / 千克标准油）	5.89
R&D 经费投入 / 亿美元	267.87
R&D 经费投入强度	1.54%
SCI 收录论文 / 万篇	8.44
PCT 专利申请 / 件	2724
高技术产业占制造业出口比重	16.51%

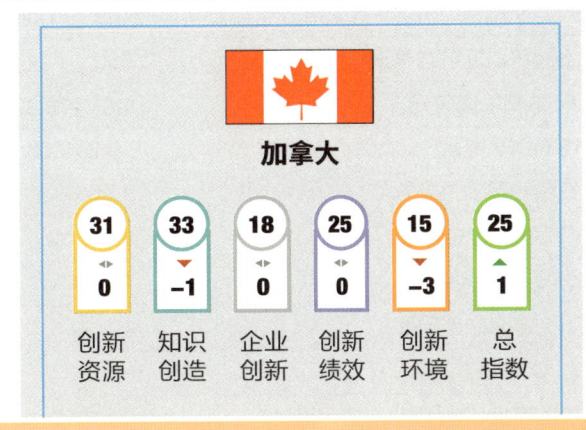

加拿大

创新资源	知识创造	企业创新	创新绩效	创新环境	总指数
31	33	18	25	15	25
0	−1	0	0	−3	1

创新资源 — 31 得分 排名

		得分	排名
1.1	研究与试验发展经费投入强度	31.2	23
1.2	研究与试验发展经费占世界比重	4.1	9
1.3	基础研究经费占全社会研发经费的比重	—	—
1.4	研究与试验发展人力投入强度	58.5	23
1.5	科技人力资源培养水平	49.1	22
1.6	世界大学排名 TOP 500 上榜高校平均得分	51.6	12

知识创造 — 33

		得分	排名
2.1	学术部门百万研究与试验发展经费科学论文被引次数	45.0	24
2.2	高被引论文数量占本国论文数的比重	58.3	19
2.3	工业增加值平均工业设计注册申请数	1.5	39
2.4	亿美元经济产出的发明专利授权数	2.0	31
2.5	有效专利数量占世界比重	1.4	11

企业创新 — 18

		得分	排名
3.1	企业研究与试验发展经费与增加值之比	17.2	25
3.2	企业研究人员占全社会研究人员比重	57.9	17
3.3	三方专利数占世界比重	3.4	12
3.4	万名企业研究人员 PCT 专利申请数	10.3	24
3.5	知识产权使用费收入占服务业出口额比重	23.9	11

创新绩效 — 25

		得分	排名
4.1	劳动生产率	50.3	17
4.2	单位能源消耗的经济产出	21.3	28
4.3	单位 CO_2 排放的经济产出	15.3	30
4.4	知识密集型服务业增加值占服务业增加值比重	20.7	24
4.5	高技术和中高技术产业增加值占制造业增加值比重	56.5	25
4.6	高技术产品出口额占世界比重	4.5	15

创新环境 — 15

		得分	排名
5.1	知识产权保护力度	83.7	20
5.2	政府规章对企业负担影响	71.4	15
5.3	营商环境指数	91.7	12
5.4	信息化发展水平	75.7	22
5.5	风险资本可获得性	76.5	16
5.6	亿美元 GDP 外商直接投资净流入	4.6	15
5.7	企业与大学研究与试验发展协作程度	86.8	14
5.8	创业文化	82.3	15

中国

2021 总指数排名 **13**

人口 / 万人	139 771.50
国土面积 / 万平方千米	960
GDP 总量 / 亿美元	142 799.37
人均 GDP/ 美元	10 216.63
单位能耗产出 /（美元 / 千克标准油）	4.35
R&D 经费投入 / 亿美元	3205.32
R&D 经费投入强度	2.24%
SCI 收录论文 / 万篇	49.06
PCT 专利申请 / 件	5.92
高技术产业占制造业出口比重	30.79%

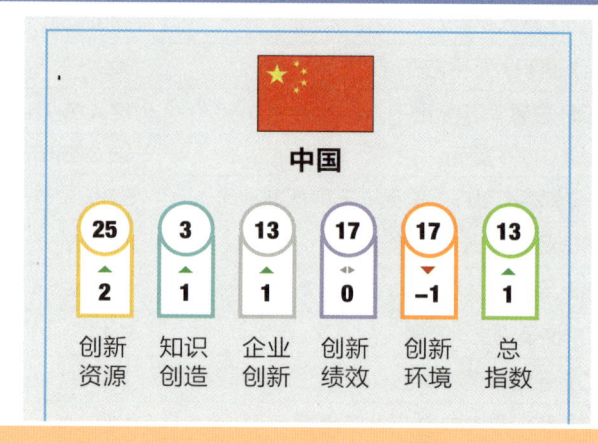

中国

创新资源	知识创造	企业创新	创新绩效	创新环境	总指数
25 ↑ 2	3 ↑ 1	13 ↑ 1	17 ↔ 0	17 ↓ −1	13 ↑ 1

	得分	排名
创新资源		**25**
1.1 研究与试验发展经费投入强度	45.3	13
1.2 研究与试验发展经费占世界比重	48.8	2
1.3 基础研究经费占全社会研发经费的比重	14.1	33
1.4 研究与试验发展人力投入强度	32.9	33
1.5 科技人力资源培养水平	33.7	35
1.6 世界大学排名 TOP 500 上榜高校平均得分	47.4	14
知识创造		**3**
2.1 学术部门百万研究与试验发展经费科学论文被引次数	31.2	29
2.2 高被引论文数量占本国论文数的比重	45.1	29
2.3 工业增加值平均工业设计注册申请数	100.0	1
2.4 亿美元经济产出的发明专利授权数	24.8	3
2.5 有效专利数量占世界比重	100.0	1
企业创新		**13**
3.1 企业研究与试验发展经费与增加值之比	28.4	16
3.2 企业研究人员占全社会研究人员比重	59.0	13
3.3 三方专利数占世界比重	21.1	4
3.4 万名企业研究人员 PCT 专利申请数	15.7	16
3.5 知识产权使用费收入占服务业出口额比重	11.9	21

	得分	排名
创新绩效		**17**
4.1 劳动生产率	10.3	38
4.2 单位能源消耗的经济产出	15.7	36
4.3 单位 CO_2 排放的经济产出	6.9	37
4.4 知识密集型服务业增加值占服务业增加值比重	24.5	21
4.5 高技术和中高技术产业增加值占制造业增加值比重	75.8	14
4.6 高技术产品出口额占世界比重	100.0	1
创新环境		**17**
5.1 知识产权保护力度	68.9	30
5.2 政府规章对企业负担影响	80.1	8
5.3 营商环境指数	89.7	18
5.4 信息化发展水平	84.5	10
5.5 风险资本可获得性	84.4	8
5.6 亿美元 GDP 外商直接投资净流入	2.3	29
5.7 企业与大学研究与试验发展协作程度	76.9	22
5.8 创业文化	75.0	19

捷克

2021 总指数排名 26

人口 / 万人	1067.19
国土面积 / 万平方千米	8
GDP 总量 / 亿美元	2506.86
人均 GDP / 美元	23 490.40
单位能耗产出 /（美元 / 千克标准油）	5.81
R&D 经费投入 / 亿美元	48.67
R&D 经费投入强度	1.94%
SCI 收录论文 / 万篇	1.60
PCT 专利申请 / 件	183
高技术产业占制造业出口比重	20.80%

捷克

	创新资源	知识创造	企业创新	创新绩效	创新环境	总指数
排名	19	35	25	23	26	26
变化	−3	−2	0	0	−4	−2

创新资源 19

	得分	排名
1.1 研究与试验发展经费投入强度	39.3	18
1.2 研究与试验发展经费占世界比重	0.7	28
1.3 基础研究经费占全社会研发经费的比重	61.5	8
1.4 研究与试验发展人力投入强度	71.2	17
1.5 科技人力资源培养水平	44.6	27
1.6 世界大学排名 TOP 500 上榜高校平均得分	34.1	30

知识创造 35

	得分	排名
2.1 学术部门百万研究与试验发展经费科学论文被引次数	47.6	22
2.2 高被引论文数量占本国论文数的比重	44.1	30
2.3 工业增加值平均工业设计注册申请数	6.0	27
2.4 亿美元经济产出的发明专利授权数	4.4	21
2.5 有效专利数量占世界比重	0.2	26

企业创新 25

	得分	排名
3.1 企业研究与试验发展经费与增加值之比	24.4	19
3.2 企业研究人员占全社会研究人员比重	52.2	19
3.3 三方专利数占世界比重	0.3	28
3.4 万名企业研究人员 PCT 专利申请数	2.9	36
3.5 知识产权使用费收入占服务业出口额比重	9.9	23

创新绩效 23

	得分	排名
4.1 劳动生产率	25.9	27
4.2 单位能源消耗的经济产出	21.0	29
4.3 单位 CO_2 排放的经济产出	12.4	34
4.4 知识密集型服务业增加值占服务业增加值比重	35.1	9
4.5 高技术和中高技术产业增加值占制造业增加值比重	78.6	12
4.6 高技术产品出口额占世界比重	5.3	13

创新环境 26

	得分	排名
5.1 知识产权保护力度	75.1	23
5.2 政府规章对企业负担影响	50.3	34
5.3 营商环境指数	87.9	27
5.4 信息化发展水平	73.7	26
5.5 风险资本可获得性	72.5	20
5.6 亿美元 GDP 外商直接投资净流入	7.6	7
5.7 企业与大学研究与试验发展协作程度	71.2	25
5.8 创业文化	70.4	25

丹麦

2021 总指数排名 8

人口 / 万人	581.44
国土面积 / 万平方千米	4
GDP 总量 / 亿美元	3501.04
人均 GDP/ 美元	60 213.09
单位能耗产出 /（美元 / 千克标准油）	18.82
R&D 经费投入 / 亿美元	103.50
R&D 经费投入强度	2.96%
SCI 收录论文 / 万篇	2.37
PCT 专利申请 / 件	1443
高技术产业占制造业出口比重	12.04%

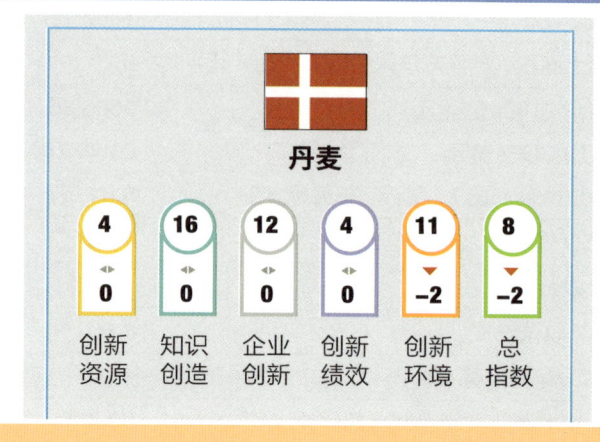

创新资源 — 排名 4

	得分	排名
1.1 研究与试验发展经费投入强度	59.9	9
1.2 研究与试验发展经费占世界比重	1.6	21
1.3 基础研究经费占全社会研发经费的比重	44.4	20
1.4 研究与试验发展人力投入强度	100.0	1
1.5 科技人力资源培养水平	56.8	15
1.6 世界大学排名 TOP 500 上榜高校平均得分	52.5	10

知识创造 — 排名 16

	得分	排名
2.1 学术部门百万研究与试验发展经费科学论文被引次数	51.9	19
2.2 高被引论文数量占本国论文数的比重	72.9	8
2.3 工业增加值平均工业设计注册申请数	7.3	21
2.4 亿美元经济产出的发明专利授权数	7.9	17
2.5 有效专利数量占世界比重	0.3	22

企业创新 — 排名 12

	得分	排名
3.1 企业研究与试验发展经费与增加值之比	42.3	11
3.2 企业研究人员占全社会研究人员比重	58.0	15
3.3 三方专利数占世界比重	1.8	17
3.4 万名企业研究人员 PCT 专利申请数	20.4	7
3.5 知识产权使用费收入占服务业出口额比重	20.1	15

创新绩效 — 排名 4

	得分	排名
4.1 劳动生产率	65.5	7
4.2 单位能源消耗的经济产出	67.9	3
4.3 单位 CO_2 排放的经济产出	54.5	5
4.4 知识密集型服务业增加值占服务业增加值比重	27.9	15
4.5 高技术和中高技术产业增加值占制造业增加值比重	93.0	3
4.6 高技术产品出口额占世界比重	1.3	25

创新环境 — 排名 11

	得分	排名
5.1 知识产权保护力度	86.7	12
5.2 政府规章对企业负担影响	70.9	16
5.3 营商环境指数	98.3	3
5.4 信息化发展水平	89.7	6
5.5 风险资本可获得性	72.4	21
5.6 亿美元 GDP 外商直接投资净流入	−3.8	36
5.7 企业与大学研究与试验发展协作程度	90.2	10
5.8 创业文化	89.7	5

芬兰

2021 总指数排名 **14**

人口 / 万人	552.16
国土面积 / 万平方千米	34
GDP 总量 / 亿美元	2689.66
人均 GDP/ 美元	48 711.56
单位能耗产出 /（美元 / 千克标准油）	7.16
R&D 经费投入 / 亿美元	75.17
R&D 经费投入强度	2.79%
SCI 收录论文 / 万篇	1.62
PCT 专利申请 / 件	1661
高技术产业占制造业出口比重	9.21%

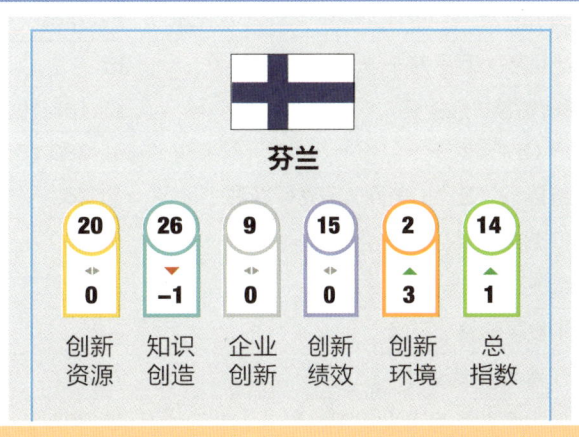

	得分	排名
创新资源		**20**
1.1 研究与试验发展经费投入强度	56.6	11
1.2 研究与试验发展经费占世界比重	1.1	25
1.3 基础研究经费占全社会研发经费的比重	—	—
1.4 研究与试验发展人力投入强度	89.4	6
1.5 科技人力资源培养水平	63.2	6
1.6 世界大学排名 TOP 500 上榜高校平均得分	41.1	22
知识创造		**26**
2.1 学术部门百万研究与试验发展经费科学论文被引次数	47.0	23
2.2 高被引论文数量占本国论文数的比重	59.8	17
2.3 工业增加值平均工业设计注册申请数	6.1	26
2.4 亿美元经济产出的发明专利授权数	13.4	9
2.5 有效专利数量占世界比重	0.5	19
企业创新		**9**
3.1 企业研究与试验发展经费与增加值之比	43.0	10
3.2 企业研究人员占全社会研究人员比重	58.4	14
3.3 三方专利数占世界比重	1.4	19
3.4 万名企业研究人员 PCT 专利申请数	24.7	5
3.5 知识产权使用费收入占服务业出口额比重	44.3	7

	得分	排名
创新绩效		**15**
4.1 劳动生产率	56.5	11
4.2 单位能源消耗的经济产出	25.8	24
4.3 单位 CO_2 排放的经济产出	31.7	14
4.4 知识密集型服务业增加值占服务业增加值比重	37.9	6
4.5 高技术和中高技术产业增加值占制造业增加值比重	69.8	16
4.6 高技术产品出口额占世界比重	0.6	31
创新环境		**2**
5.1 知识产权保护力度	100.0	1
5.2 政府规章对企业负担影响	89.6	2
5.3 营商环境指数	92.4	10
5.4 信息化发展水平	86.6	8
5.5 风险资本可获得性	98.0	3
5.6 亿美元 GDP 外商直接投资净流入	10.4	3
5.7 企业与大学研究与试验发展协作程度	97.1	3
5.8 创业文化	84.4	13

法国

2021 总指数排名 15

人口 / 万人	6724.89
国土面积 / 万平方千米	67
GDP 总量 / 亿美元	27 155.18
人均 GDP/ 美元	40 380.10
单位能耗产出 /（美元 / 千克标准油）	11.25
R&D 经费投入 / 亿美元	595.09
R&D 经费投入强度	2.19%
SCI 收录论文 / 万篇	8.32
PCT 专利申请 / 件	7924
高技术产业占制造业出口比重	26.99%

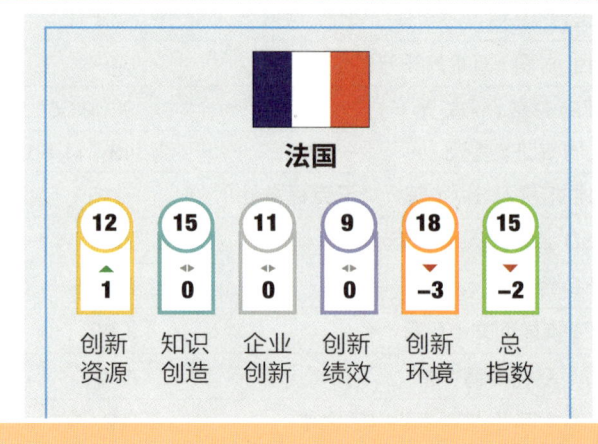

	得分	排名
创新资源		**12**
1.1 研究与试验发展经费投入强度	44.4	14
1.2 研究与试验发展经费占世界比重	9.1	6
1.3 基础研究经费占全社会研发经费的比重	53.3	14
1.4 研究与试验发展人力投入强度	66.1	21
1.5 科技人力资源培养水平	47.3	24
1.6 世界大学排名 TOP 500 上榜高校平均得分	54.1	7
知识创造		**15**
2.1 学术部门百万研究与试验发展经费科学论文被引次数	35.6	31
2.2 高被引论文数量占本国论文数的比重	60.7	16
2.3 工业增加值平均工业设计注册申请数	17.4	5
2.4 亿美元经济产出的发明专利授权数	15.7	7
2.5 有效专利数量占世界比重	11.9	6
企业创新		**11**
3.1 企业研究与试验发展经费与增加值之比	34.0	13
3.2 企业研究人员占全社会研究人员比重	64.2	8
3.3 三方专利数占世界比重	11.1	6
3.4 万名企业研究人员 PCT 专利申请数	13.7	21
3.5 知识产权使用费收入占服务业出口额比重	23.9	10

	得分	排名
创新绩效		**9**
4.1 劳动生产率	53.6	14
4.2 单位能源消耗的经济产出	40.6	14
4.3 单位 CO_2 排放的经济产出	45.8	7
4.4 知识密集型服务业增加值占服务业增加值比重	36.3	7
4.5 高技术和中高技术产业增加值占制造业增加值比重	58.4	23
4.6 高技术产品出口额占世界比重	16.9	5
创新环境		**18**
5.1 知识产权保护力度	86.5	13
5.2 政府规章对企业负担影响	65.3	21
5.3 营商环境指数	88.5	20
5.4 信息化发展水平	79.3	17
5.5 风险资本可获得性	80.7	14
5.6 亿美元 GDP 外商直接投资净流入	3.3	21
5.7 企业与大学研究与试验发展协作程度	79.0	20
5.8 创业文化	74.4	21

德国

2021 总指数排名
9

人口 / 万人	8309.30
国土面积 / 万平方千米	36
GDP 总量 / 亿美元	38 611.24
人均 GDP/ 美元	46 467.52
单位能耗产出 /（美元 / 千克标准油）	13.06
R&D 经费投入 / 亿美元	1226.32
R&D 经费投入强度	3.18%
SCI 收录论文 / 万篇	12.78
PCT 专利申请 / 件	19 344
高技术产业占制造业出口比重	16.43%

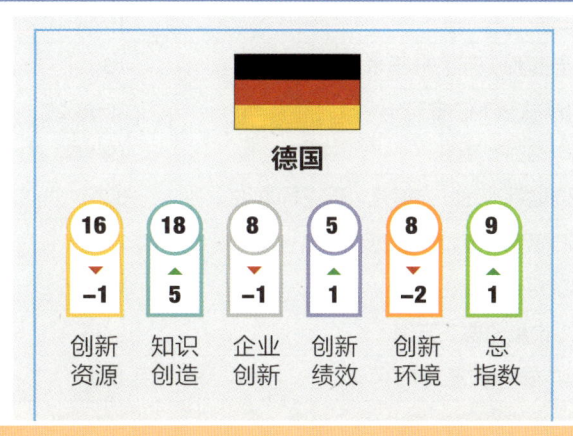

	得分	排名
创新资源		**16**
1.1 研究与试验发展经费投入强度	64.4	7
1.2 研究与试验发展经费占世界比重	18.7	4
1.3 基础研究经费占全社会研发经费的比重	—	—
1.4 研究与试验发展人力投入强度	84.7	10
1.5 科技人力资源培养水平	49.2	21
1.6 世界大学排名 TOP 500 上榜高校平均得分	43.1	19
知识创造		**18**
2.1 学术部门百万研究与试验发展经费科学论文被引次数	26.5	34
2.2 高被引论文数量占本国论文数的比重	57.2	21
2.3 工业增加值平均工业设计注册申请数	9.8	13
2.4 亿美元经济产出的发明专利授权数	16.3	6
2.5 有效专利数量占世界比重	—	—
企业创新		**8**
3.1 企业研究与试验发展经费与增加值之比	47.1	6
3.2 企业研究人员占全社会研究人员比重	62.1	11
3.3 三方专利数占世界比重	25.6	3
3.4 万名企业研究人员 PCT 专利申请数	24.1	6
3.5 知识产权使用费收入占服务业出口额比重	45.3	6

	得分	排名
创新绩效		**5**
4.1 劳动生产率	47.9	19
4.2 单位能源消耗的经济产出	47.2	8
4.3 单位 CO_2 排放的经济产出	28.5	18
4.4 知识密集型服务业增加值占服务业增加值比重	33.1	12
4.5 高技术和中高技术产业增加值占制造业增加值比重	93.1	2
4.6 高技术产品出口额占世界比重	29.2	2
创新环境		**8**
5.1 知识产权保护力度	80.5	21
5.2 政府规章对企业负担影响	80.8	6
5.3 营商环境指数	91.8	11
5.4 信息化发展水平	75.4	23
5.5 风险资本可获得性	91.8	5
5.6 亿美元 GDP 外商直接投资净流入	3.1	23
5.7 企业与大学研究与试验发展协作程度	91.9	8
5.8 创业文化	87.8	6

希腊

2021 总指数排名 **30**

人口 / 万人	1072.16
国土面积 / 万平方千米	13
GDP 总量 / 亿美元	2053.27
人均 GDP/ 美元	19 150.79
单位能耗产出 /（美元 / 千克标准油）	8.28
R&D 经费投入 / 亿美元	26.16
R&D 经费投入强度	1.27%
SCI 收录论文 / 万篇	1.33
PCT 专利申请 / 件	123
高技术产业占制造业出口比重	12.51%

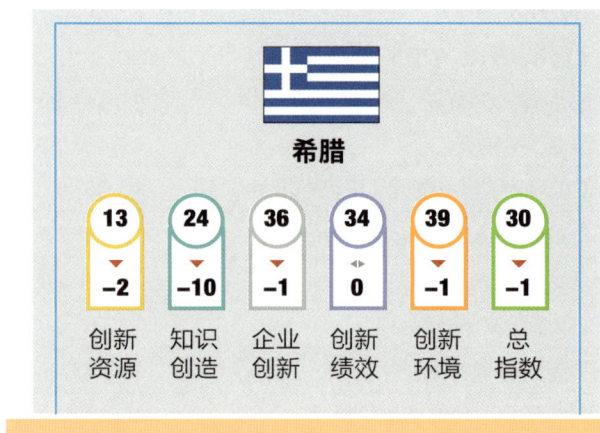

希腊

	创新资源	知识创造	企业创新	创新绩效	创新环境	总指数
排名	13	24	36	34	39	30
变化	−2	−10	−1	0	−1	−1

创新资源 — 13

	得分	排名
1.1 研究与试验发展经费投入强度	25.8	29
1.2 研究与试验发展经费占世界比重	0.4	34
1.3 基础研究经费占全社会研发经费的比重	66.3	6
1.4 研究与试验发展人力投入强度	49.0	29
1.5 科技人力资源培养水平	100.0	1
1.6 世界大学排名 TOP 500 上榜高校平均得分	29.6	33

知识创造 — 24

	得分	排名
2.1 学术部门百万研究与试验发展经费科学论文被引次数	64.9	10
2.2 高被引论文数量占本国论文数的比重	55.9	22
2.3 工业增加值平均工业设计注册申请数	5.1	31
2.4 亿美元经济产出的发明专利授权数	2.5	27
2.5 有效专利数量占世界比重	0.2	27

企业创新 — 36

	得分	排名
3.1 企业研究与试验发展经费与增加值之比	14.6	30
3.2 企业研究人员占全社会研究人员比重	26.1	36
3.3 三方专利数占世界比重	0.1	36
3.4 万名企业研究人员 PCT 专利申请数	4.1	31
3.5 知识产权使用费收入占服务业出口额比重	0.7	39

创新绩效 — 34

	得分	排名
4.1 劳动生产率	25.2	28
4.2 单位能源消耗的经济产出	29.9	22
4.3 单位 CO_2 排放的经济产出	16.6	27
4.4 知识密集型服务业增加值占服务业增加值比重	8.1	36
4.5 高技术和中高技术产业增加值占制造业增加值比重	34.7	34
4.6 高技术产品出口额占世界比重	0.2	36

创新环境 — 39

	得分	排名
5.1 知识产权保护力度	61.1	36
5.2 政府规章对企业负担影响	47.1	37
5.3 营商环境指数	78.8	37
5.4 信息化发展水平	69.7	32
5.5 风险资本可获得性	43.5	40
5.6 亿美元 GDP 外商直接投资净流入	4.3	16
5.7 企业与大学研究与试验发展协作程度	46.8	40
5.8 创业文化	56.7	39

匈牙利

2021 总指数排名 **24**

人口 / 万人	977.11
国土面积 / 万平方千米	9
GDP 总量 / 亿美元	1635.04
人均 GDP/ 美元	16 733.32
单位能耗产出 /（美元 / 千克标准油）	5.13
R&D 经费投入 / 亿美元	24.16
R&D 经费投入强度	1.48%
SCI 收录论文 / 篇	8746
PCT 专利申请 / 件	153
高技术产业占制造业出口比重	17.46%

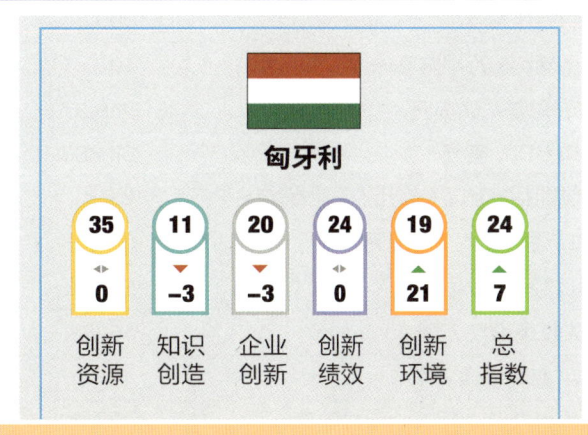

	创新资源	知识创造	企业创新	创新绩效	创新环境	总指数
排名	35	11	20	24	19	24
变化	0	−3	−3	0	21	7

创新资源 — 得分 35

	得分	排名
1.1 研究与试验发展经费投入强度	30.0	24
1.2 研究与试验发展经费占世界比重	0.4	35
1.3 基础研究经费占全社会研发经费的比重	44.6	19
1.4 研究与试验发展人力投入强度	55.9	26
1.5 科技人力资源培养水平	35.2	34
1.6 世界大学排名 TOP 500 上榜高校平均得分	0.0	34

知识创造 — 得分 11

	得分	排名
2.1 学术部门百万研究与试验发展经费科学论文被引次数	93.2	2
2.2 高被引论文数量占本国论文数的比重	51.7	23
2.3 工业增加值平均工业设计注册申请数	4.5	33
2.4 亿美元经济产出的发明专利授权数	1.9	32
2.5 有效专利数量占世界比重	0.1	35

企业创新 — 得分 20

	得分	排名
3.1 企业研究与试验发展经费与增加值之比	24.0	20
3.2 企业研究人员占全社会研究人员比重	59.3	12
3.3 三方专利数占世界比重	0.2	31
3.4 万名企业研究人员 PCT 专利申请数	2.3	37
3.5 知识产权使用费收入占服务业出口额比重	19.8	16

创新绩效 — 得分 24

	得分	排名
4.1 劳动生产率	19.4	31
4.2 单位能源消耗的经济产出	18.5	35
4.3 单位 CO_2 排放的经济产出	17.6	26
4.4 知识密集型服务业增加值占服务业增加值比重	33.1	11
4.5 高技术和中高技术产业增加值占制造业增加值比重	79.8	10
4.6 高技术产品出口额占世界比重	2.6	19

创新环境 — 得分 19

	得分	排名
5.1 知识产权保护力度	62.6	35
5.2 政府规章对企业负担影响	54.6	30
5.3 营商环境指数	84.6	31
5.4 信息化发展水平	69.2	34
5.5 风险资本可获得性	67.4	27
5.6 亿美元 GDP 外商直接投资净流入	100.0	1
5.7 企业与大学研究与试验发展协作程度	64.0	31
5.8 创业文化	53.8	40

冰岛

2021 总指数排名: **20**

人口 / 万人	360.56
国土面积 / 万平方千米	10
GDP 总量 / 亿美元	248.37
人均 GDP / 美元	68 883.15
单位能耗产出 / （美元 / 千克标准油）	2.93
R&D 经费投入 / 亿美元	5.78
R&D 经费投入强度	2.35%
SCI 收录论文 / 篇	1508
PCT 专利申请 / 件	41
高技术产业占制造业出口比重	38.08%

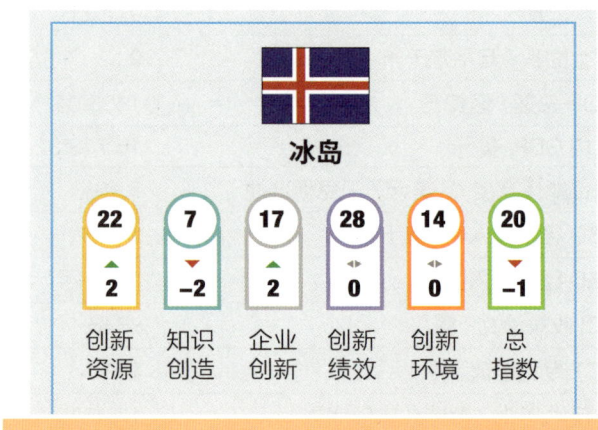

创新资源	知识创造	企业创新	创新绩效	创新环境	总指数
22	7	17	28	14	20
2	−2	2	0	0	−1

创新资源 —— 22

	得分	排名
1.1 研究与试验发展经费投入强度	47.5	12
1.2 研究与试验发展经费占世界比重	0.1	40
1.3 基础研究经费占全社会研发经费的比重	43.7	21
1.4 研究与试验发展人力投入强度	84.4	11
1.5 科技人力资源培养水平	51.2	19
1.6 世界大学排名 TOP 500 上榜高校平均得分	0.0	34

知识创造 —— 7

	得分	排名
2.1 学术部门百万研究与试验发展经费科学论文被引次数	85.1	4
2.2 高被引论文数量占本国论文数的比重	81.4	3
2.3 工业增加值平均工业设计注册申请数	2.7	36
2.4 亿美元经济产出的发明专利授权数	2.4	28
2.5 有效专利数量占世界比重	0.0	38

企业创新 —— 17

	得分	排名
3.1 企业研究与试验发展经费与增加值之比	38.0	12
3.2 企业研究人员占全社会研究人员比重	43.7	27
3.3 三方专利数占世界比重	0.0	40
3.4 万名企业研究人员 PCT 专利申请数	15.9	15
3.5 知识产权使用费收入占服务业出口额比重	22.0	12

创新绩效 —— 28

	得分	排名
4.1 劳动生产率	68.2	6
4.2 单位能源消耗的经济产出	10.6	38
4.3 单位 CO_2 排放的经济产出	60.7	3
4.4 知识密集型服务业增加值占服务业增加值比重	0.0	38
4.5 高技术和中高技术产业增加值占制造业增加值比重	0.0	38
4.6 高技术产品出口额占世界比重	0.0	40

创新环境 —— 14

	得分	排名
5.1 知识产权保护力度	84.9	17
5.2 政府规章对企业负担影响	73.2	13
5.3 营商环境指数	91.0	14
5.4 信息化发展水平	91.9	5
5.5 风险资本可获得性	70.3	23
5.6 亿美元 GDP 外商直接投资净流入	−4.3	37
5.7 企业与大学研究与试验发展协作程度	79.7	19
5.8 创业文化	87.1	7

印度

2021 总指数排名
40

人口 / 万人	136 641.78
国土面积 / 万平方千米	298
GDP 总量 / 亿美元	28 705.04
人均 GDP/ 美元	2100.75
单位能耗产出 /（美元 / 千克标准油）	3.14
R&D 经费投入 / 亿美元	161.36
R&D 经费投入强度	0.70%
SCI 收录论文 / 万篇	8.70
PCT 专利申请 / 件	2044
高技术产业占制造业出口比重	10.30%

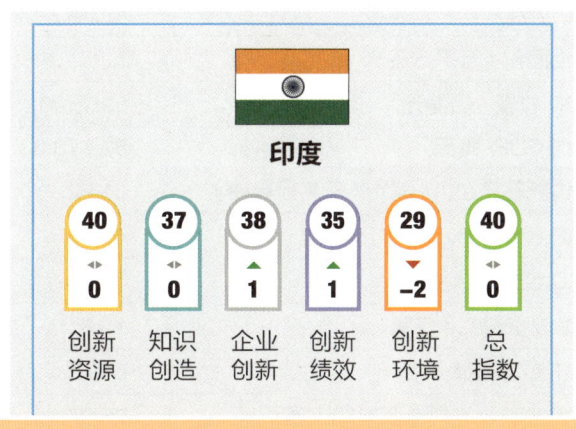

	创新资源	知识创造	企业创新	创新绩效	创新环境	总指数
排名	40	37	38	35	29	40
变化	0	0	1	1	−2	0

创新资源 — 40

	得分	排名
1.1 研究与试验发展经费投入强度	32.4	22
1.2 研究与试验发展经费占世界比重	2.5	18
1.3 基础研究经费占全社会研发经费的比重	—	—
1.4 研究与试验发展人力投入强度	3.3	40
1.5 科技人力资源培养水平	19.6	38
1.6 世界大学排名 TOP 500 上榜高校平均得分	41.3	21

知识创造 — 37

	得分	排名
2.1 学术部门百万研究与试验发展经费科学论文被引次数	23.6	35
2.2 高被引论文数量占本国论文数的比重	21.1	39
2.3 工业增加值平均工业设计注册申请数	14.2	8
2.4 亿美元经济产出的发明专利授权数	2.2	30
2.5 有效专利数量占世界比重	0.7	16

企业创新 — 38

	得分	排名
3.1 企业研究与试验发展经费与增加值之比	0.0	40
3.2 企业研究人员占全社会研究人员比重	21.3	38
3.3 三方专利数占世界比重	1.2	20
3.4 万名企业研究人员 PCT 专利申请数	9.8	25
3.5 知识产权使用费收入占服务业出口额比重	1.8	34

创新绩效 — 35

	得分	排名
4.1 劳动生产率	2.5	40
4.2 单位能源消耗的经济产出	11.3	37
4.3 单位 CO_2 排放的经济产出	5.7	38
4.4 知识密集型服务业增加值占服务业增加值比重	49.8	3
4.5 高技术和中高技术产业增加值占制造业增加值比重	35.0	32
4.6 高技术产品出口额占世界比重	3.3	17

创新环境 — 29

	得分	排名
5.1 知识产权保护力度	68.0	31
5.2 政府规章对企业负担影响	75.2	11
5.3 营商环境指数	81.8	35
5.4 信息化发展水平	34.6	40
5.5 风险资本可获得性	79.6	15
5.6 亿美元 GDP 外商直接投资净流入	3.1	22
5.7 企业与大学研究与试验发展协作程度	67.7	29
5.8 创业文化	73.0	24

爱尔兰

2021 总指数排名 **12**

人口 / 万人	49.34
国土面积 / 万平方千米	7
GDP 总量 / 亿美元	3985.90
人均 GDP/ 美元	80 778.83
单位能耗产出 / (美元 / 千克标准油)	21.92
R&D 经费投入 / 亿美元	48.96
R&D 经费投入强度	1.23%
SCI 收录论文 / 万篇	1.13
PCT 专利申请 / 件	640
高技术产业占制造业出口比重	25.97%

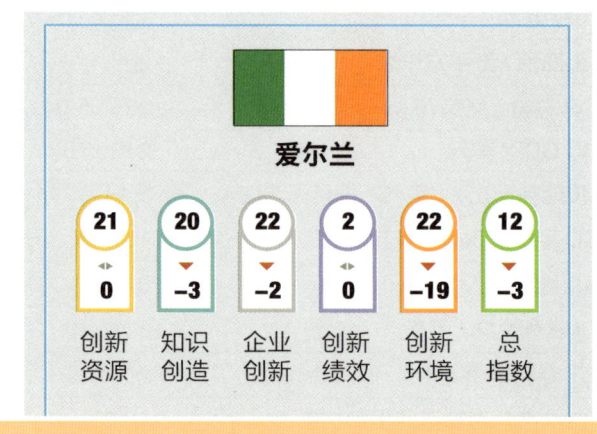

创新资源 — 21

	得分	排名
1.1 研究与试验发展经费投入强度	24.9	32
1.2 研究与试验发展经费占世界比重	0.7	27
1.3 基础研究经费占全社会研发经费的比重	41.5	24
1.4 研究与试验发展人力投入强度	71.7	16
1.5 科技人力资源培养水平	54.1	17
1.6 世界大学排名 TOP 500 上榜高校平均得分	44.0	16

知识创造 — 20

	得分	排名
2.1 学术部门百万研究与试验发展经费科学论文被引次数	69.1	7
2.2 高被引论文数量占本国论文数的比重	61.2	14
2.3 工业增加值平均工业设计注册申请数	1.0	40
2.4 亿美元经济产出的发明专利授权数	2.4	29
2.5 有效专利数量占世界比重	0.0	39

企业创新 — 22

	得分	排名
3.1 企业研究与试验发展经费与增加值之比	15.7	28
3.2 企业研究人员占全社会研究人员比重	51.1	20
3.3 三方专利数占世界比重	0.6	22
3.4 万名企业研究人员 PCT 专利申请数	16.8	14
3.5 知识产权使用费收入占服务业出口额比重	21.1	13

创新绩效 — 2

	得分	排名
4.1 劳动生产率	100.0	1
4.2 单位能源消耗的经济产出	79.1	2
4.3 单位 CO_2 排放的经济产出	53.0	6
4.4 知识密集型服务业增加值占服务业增加值比重	100.0	1
4.5 高技术和中高技术产业增加值占制造业增加值比重	86.3	4
4.6 高技术产品出口额占世界比重	5.5	12

创新环境 — 22

	得分	排名
5.1 知识产权保护力度	86.3	14
5.2 政府规章对企业负担影响	72.1	14
5.3 营商环境指数	91.7	12
5.4 信息化发展水平	71.7	29
5.5 风险资本可获得性	67.7	25
5.6 亿美元 GDP 外商直接投资净流入	−20.8	39
5.7 企业与大学研究与试验发展协作程度	88.2	13
5.8 创业文化	86.1	9

以色列

2021 总指数排名 **7**

人口 / 万人	905.40
国土面积 / 万平方千米	3
GDP 总量 / 亿美元	3946.52
人均 GDP / 美元	43 588.71
单位能耗产出 /（美元 / 千克标准油）	12.85
R&D 经费投入 / 亿美元	194.74
R&D 经费投入强度	4.93%
SCI 收录论文 / 万篇	1.73
PCT 专利申请 / 件	2001
高技术产业占制造业出口比重	23.09%

创新资源 — 9

	得分	排名
1.1 研究与试验发展经费投入强度	100.0	1
1.2 研究与试验发展经费占世界比重	3.0	14
1.3 基础研究经费占全社会研发经费的比重	23.4	32
1.4 研究与试验发展人力投入强度	81.7	12
1.5 科技人力资源培养水平	43.0	29
1.6 世界大学排名 TOP 500 上榜高校平均得分	35.7	29

知识创造 — 25

	得分	排名
2.1 学术部门百万研究与试验发展经费科学论文被引次数	56.6	14
2.2 高被引论文数量占本国论文数的比重	59.3	18
2.3 工业增加值平均工业设计注册申请数	7.5	19
2.4 亿美元经济产出的发明专利授权数	3.3	24
2.5 有效专利数量占世界比重	0.3	21

企业创新 — 4

	得分	排名
3.1 企业研究与试验发展经费与增加值之比	100.0	1
3.2 企业研究人员占全社会研究人员比重	100.0	1
3.3 三方专利数占世界比重	3.0	13
3.4 万名企业研究人员 PCT 专利申请数	10.6	23
3.5 知识产权使用费收入占服务业出口额比重	12.6	20

创新绩效 — 8

	得分	排名
4.1 劳动生产率	51.9	16
4.2 单位能源消耗的经济产出	46.4	9
4.3 单位 CO_2 排放的经济产出	30.4	16
4.4 知识密集型服务业增加值占服务业增加值比重	44.8	4
4.5 高技术和中高技术产业增加值占制造业增加值比重	80.1	9
4.6 高技术产品出口额占世界比重	1.8	23

创新环境 — 6

	得分	排名
5.1 知识产权保护力度	85.1	16
5.2 政府规章对企业负担影响	64.6	22
5.3 营商环境指数	88.4	22
5.4 信息化发展水平	72.8	27
5.5 风险资本可获得性	99.1	2
5.6 亿美元 GDP 外商直接投资净流入	8.6	5
5.7 企业与大学研究与试验发展协作程度	100.0	1
5.8 创业文化	100.0	1

意大利

2021 总指数排名 **23**

人口 / 万人	5972.91
国土面积 / 万平方千米	30
GDP 总量 / 亿美元	20 049.13
人均 GDP / 美元	33 566.79
单位能耗产出 /（美元 / 千克标准油）	13.45
R&D 经费投入 / 亿美元	290.05
R&D 经费投入强度	1.45%
SCI 收录论文 / 万篇	8.34
PCT 专利申请 / 件	3385
高技术产业占制造业出口比重	7.83%

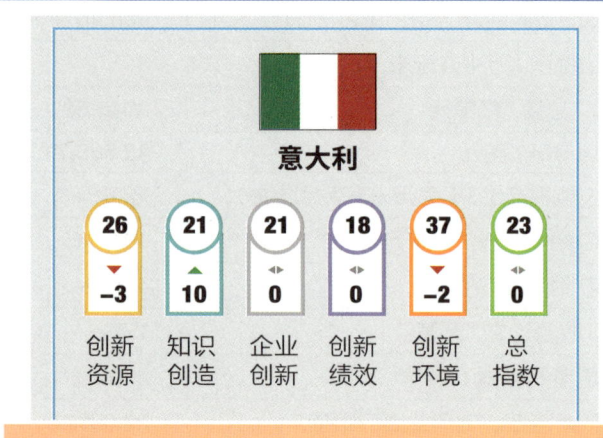

意大利

	创新资源	知识创造	企业创新	创新绩效	创新环境	总指数
排名	26	21	21	18	37	23
变化	−3	10	0	0	−2	0

创新资源 — 26

		得分	排名
1.1	研究与试验发展经费投入强度	29.3	25
1.2	研究与试验发展经费占世界比重	4.4	8
1.3	基础研究经费占全社会研发经费的比重	50.1	15
1.4	研究与试验发展人力投入强度	57.0	25
1.5	科技人力资源培养水平	45.0	26
1.6	世界大学排名 TOP 500 上榜高校平均得分	35.8	28

知识创造 — 21

		得分	排名
2.1	学术部门百万研究与试验发展经费科学论文被引次数	52.6	17
2.2	高被引论文数量占本国论文数的比重	47.7	25
2.3	工业增加值平均工业设计注册申请数	8.2	16
2.4	亿美元经济产出的发明专利授权数	10.4	12
2.5	有效专利数量占世界比重	13.6	5

企业创新 — 21

		得分	排名
3.1	企业研究与试验发展经费与增加值之比	20.1	21
3.2	企业研究人员占全社会研究人员比重	49.7	23
3.3	三方专利数占世界比重	4.7	10
3.4	万名企业研究人员 PCT 专利申请数	14.8	19
3.5	知识产权使用费收入占服务业出口额比重	16.2	18

创新绩效 — 18

		得分	排名
4.1	劳动生产率	44.2	21
4.2	单位能源消耗的经济产出	48.6	7
4.3	单位 CO_2 排放的经济产出	32.8	13
4.4	知识密集型服务业增加值占服务业增加值比重	19.1	28
4.5	高技术和中高技术产业增加值占制造业增加值比重	57.1	24
4.6	高技术产品出口额占世界比重	4.6	14

创新环境 — 37

		得分	排名
5.1	知识产权保护力度	70.6	28
5.2	政府规章对企业负担影响	37.6	39
5.3	营商环境指数	84.0	33
5.4	信息化发展水平	69.5	33
5.5	风险资本可获得性	48.6	38
5.6	亿美元 GDP 外商直接投资净流入	2.8	25
5.7	企业与大学研究与试验发展协作程度	70.1	27
5.8	创业文化	60.5	38

日本

人口 / 万人	12 626.49
国土面积 / 万平方千米	38
GDP 总量 / 亿美元	50 648.73
人均 GDP/ 美元	40 113.06
单位能耗产出 /（美元 / 千克标准油）	12.03
R&D 经费投入 / 亿美元	1647.09
R&D 经费投入强度	3.24%
SCI 收录论文 / 万篇	8.96
PCT 专利申请 / 件	52 702
高技术产业占制造业出口比重	17.02%

2021 总指数排名 **3**

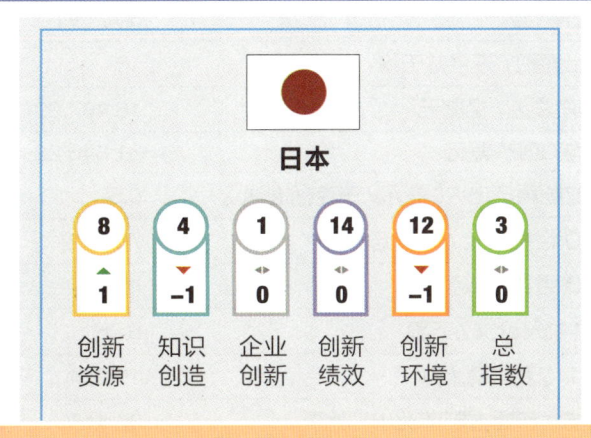

	得分	排名
创新资源		**8**
1.1 研究与试验发展经费投入强度	65.7	4
1.2 研究与试验发展经费占世界比重	25.1	3
1.3 基础研究经费占全社会研发经费的比重	29.3	30
1.4 研究与试验发展人力投入强度	68.6	20
1.5 科技人力资源培养水平	44.5	28
1.6 世界大学排名 TOP 500 上榜高校平均得分	53.9	8
知识创造		**4**
2.1 学术部门百万研究与试验发展经费科学论文被引次数	13.8	40
2.2 高被引论文数量占本国论文数的比重	33.3	33
2.3 工业增加值平均工业设计注册申请数	14.8	6
2.4 亿美元经济产出的发明专利授权数	48.3	2
2.5 有效专利数量占世界比重	87.3	2
企业创新		**1**
3.1 企业研究与试验发展经费与增加值之比	48.0	5
3.2 企业研究人员占全社会研究人员比重	76.1	3
3.3 三方专利数占世界比重	100.0	1
3.4 万名企业研究人员 PCT 专利申请数	35.4	3
3.5 知识产权使用费收入占服务业出口额比重	99.0	2

	得分	排名
创新绩效		**14**
4.1 劳动生产率	41.0	22
4.2 单位能源消耗的经济产出	43.4	11
4.3 单位 CO_2 排放的经济产出	22.8	22
4.4 知识密集型服务业增加值占服务业增加值比重	23.1	22
4.5 高技术和中高技术产业增加值占制造业增加值比重	83.5	8
4.6 高技术产品出口额占世界比重	14.5	7
创新环境		**12**
5.1 知识产权保护力度	91.5	7
5.2 政府规章对企业负担影响	73.3	12
5.3 营商环境指数	89.9	17
5.4 信息化发展水平	92.9	4
5.5 风险资本可获得性	83.0	12
5.6 亿美元 GDP 外商直接投资净流入	1.4	32
5.7 企业与大学研究与试验发展协作程度	83.1	16
5.8 创业文化	74.9	20

韩国

人口 / 万人	5170.91
国土面积 / 万平方千米	10
GDP 总量 / 亿美元	16 467.39
人均 GDP/ 美元	31 846.22
单位能耗产出 /（美元 / 千克标准油）	5.52
R&D 经费投入 / 亿美元	764.12
R&D 经费投入强度	4.64%
SCI 收录论文 / 万篇	6.95
PCT 专利申请 / 件	19 074
高技术产业占制造业出口比重	32.41%

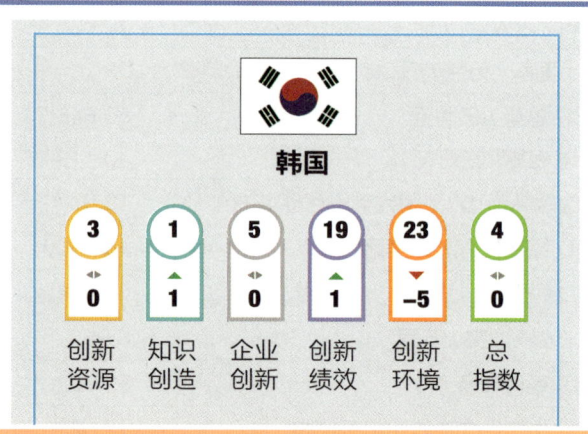

创新资源 — 3

		得分	排名
1.1	研究与试验发展经费投入强度	94.0	2
1.2	研究与试验发展经费占世界比重	11.6	5
1.3	基础研究经费占全社会研发经费的比重	34.4	29
1.4	研究与试验发展人力投入强度	97.5	2
1.5	科技人力资源培养水平	67.1	4
1.6	世界大学排名 TOP 500 上榜高校平均得分	50.3	13

知识创造 — 1

		得分	排名
2.1	学术部门百万研究与试验发展经费科学论文被引次数	24.7	33
2.2	高被引论文数量占本国论文数的比重	33.1	34
2.3	工业增加值平均工业设计注册申请数	87.2	2
2.4	亿美元经济产出的发明专利授权数	100.0	1
2.5	有效专利数量占世界比重	47.0	4

企业创新 — 5

		得分	排名
3.1	企业研究与试验发展经费与增加值之比	73.3	2
3.2	企业研究人员占全社会研究人员比重	84.1	2
3.3	三方专利数占世界比重	11.6	5
3.4	万名企业研究人员 PCT 专利申请数	18.3	10
3.5	知识产权使用费收入占服务业出口额比重	32.8	8

创新绩效 — 19

		得分	排名
4.1	劳动生产率	34.1	24
4.2	单位能源消耗的经济产出	19.9	31
4.3	单位 CO_2 排放的经济产出	13.9	32
4.4	知识密集型服务业增加值占服务业增加值比重	26.0	19
4.5	高技术和中高技术产业增加值占制造业增加值比重	85.9	6
4.6	高技术产品出口额占世界比重	21.5	4

创新环境 — 23

		得分	排名
5.1	知识产权保护力度	70.3	29
5.2	政府规章对企业负担影响	59.6	24
5.3	营商环境指数	96.8	4
5.4	信息化发展水平	100.0	1
5.5	风险资本可获得性	65.5	29
5.6	亿美元 GDP 外商直接投资净流入	1.0	33
5.7	企业与大学研究与试验发展协作程度	77.9	21
5.8	创业文化	68.6	26

卢森堡

2021 总指数排名 **19**

人口 / 万人	62.00
国土面积 / 万平方千米	0.26
GDP 总量 / 亿美元	711.05
人均 GDP/ 美元	114 685.2
单位能耗产出 /（美元 / 千克标准油）	15.49
R&D 经费投入 / 亿美元	8.47
R&D 经费投入强度	1.19%
SCI 收录论文 / 篇	1580
PCT 专利申请 / 件	350
高技术产业占制造业出口比重	6.58%

创新资源 27

	得分	排名
1.1 研究与试验发展经费投入强度	24.2	33
1.2 研究与试验发展经费占世界比重	0.1	39
1.3 基础研究经费占全社会研发经费的比重	91.3	3
1.4 研究与试验发展人力投入强度	91.1	4
1.5 科技人力资源培养水平	13.0	40
1.6 世界大学排名 TOP 500 上榜高校平均得分	0.0	34

知识创造 9

	得分	排名
2.1 学术部门百万研究与试验发展经费科学论文被引次数	35.0	27
2.2 高被引论文数量占本国论文数的比重	98.6	2
2.3 工业增加值平均工业设计注册申请数	14.6	7
2.4 亿美元经济产出的发明专利授权数	9.4	15
2.5 有效专利数量占世界比重	0.1	34

企业创新 10

	得分	排名
3.1 企业研究与试验发展经费与增加值之比	11.9	33
3.2 企业研究人员占全社会研究人员比重	38.6	31
3.3 三方专利数占世界比重	0.1	33
3.4 万名企业研究人员 PCT 专利申请数	100.0	1
3.5 知识产权使用费收入占服务业出口额比重	10.5	22

创新绩效 22

	得分	排名
4.1 劳动生产率	85.8	2
4.2 单位能源消耗的经济产出	55.9	5
4.3 单位 CO_2 排放的经济产出	38.8	10
4.4 知识密集型服务业增加值占服务业增加值比重	0.0	38
4.5 高技术和中高技术产业增加值占制造业增加值比重	0.0	38
4.6 高技术产品出口额占世界比重	0.1	37

创新环境 16

	得分	排名
5.1 知识产权保护力度	92.9	5
5.2 政府规章对企业负担影响	82.9	4
5.3 营商环境指数	80.2	36
5.4 信息化发展水平	84.2	12
5.5 风险资本可获得性	85.3	7
5.6 亿美元 GDP 外商直接投资净流入	−28.5	40
5.7 企业与大学研究与试验发展协作程度	90.5	9
5.8 创业文化	83.0	14

墨西哥

2021 总指数排名 36

人口 / 万人	12 757.55
国土面积 / 万平方千米	197
GDP 总量 / 亿美元	12 688.71
人均 GDP/ 美元	9946.03
单位能耗产出 /（美元 / 千克标准油）	7.15
R&D 经费投入 / 亿美元	36.03
R&D 经费投入强度	0.28%
SCI 收录论文 / 万篇	1.92
PCT 专利申请 / 件	216
高技术产业占制造业出口比重	20.42%

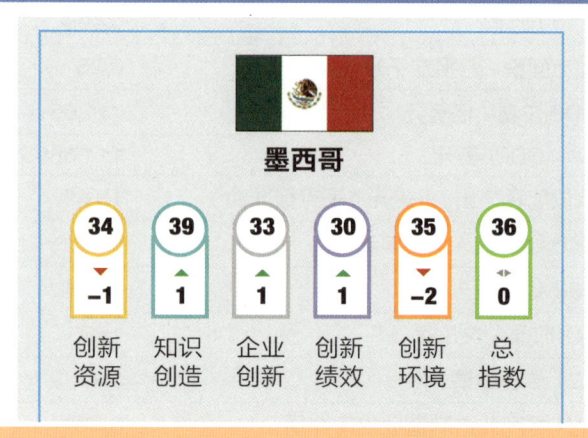

创新资源   34

	得分	排名
1.1 研究与试验发展经费投入强度	5.8	40
1.2 研究与试验发展经费占世界比重	0.5	29
1.3 基础研究经费占全社会研发经费的比重	71.7	4
1.4 研究与试验发展人力投入强度	5.0	39
1.5 科技人力资源培养水平	29.1	37
1.6 世界大学排名 TOP 500 上榜高校平均得分	57.7	3

知识创造   39

	得分	排名
2.1 学术部门百万研究与试验发展经费科学论文被引次数	29.1	32
2.2 高被引论文数量占本国论文数的比重	27.2	36
2.3 工业增加值平均工业设计注册申请数	1.8	38
2.4 亿美元经济产出的发明专利授权数	0.6	40
2.5 有效专利数量占世界比重	0.3	24

企业创新   33

	得分	排名
3.1 企业研究与试验发展经费与增加值之比	1.1	39
3.2 企业研究人员占全社会研究人员比重	44.7	26
3.3 三方专利数占世界比重	0.2	32
3.4 万名企业研究人员 PCT 专利申请数	4.0	32
3.5 知识产权使用费收入占服务业出口额比重	0.1	40

创新绩效   30

	得分	排名
4.1 劳动生产率	18.1	32
4.2 单位能源消耗的经济产出	25.8	25
4.3 单位 CO_2 排放的经济产出	13.2	33
4.4 知识密集型服务业增加值占服务业增加值比重	3.0	37
4.5 高技术和中高技术产业增加值占制造业增加值比重	67.9	17
4.6 高技术产品出口额占世界比重	10.5	10

创新环境   35

	得分	排名
5.1 知识产权保护力度	63.4	33
5.2 政府规章对企业负担影响	52.5	33
5.3 营商环境指数	83.4	34
5.4 信息化发展水平	59.3	38
5.5 风险资本可获得性	63.0	30
5.6 亿美元 GDP 外商直接投资净流入	4.1	18
5.7 企业与大学研究与试验发展协作程度	61.8	32
5.8 创业文化	66.1	30

荷兰

2021 总指数排名 5

人口 / 万人	1734.49
国土面积 / 万平方千米	4
GDP 总量 / 亿美元	9070.51
人均 GDP / 美元	52 295.04
单位能耗产出 /（美元 / 千克标准油）	12.76
R&D 经费投入 / 亿美元	196.18
R&D 经费投入强度	2.16%
SCI 收录论文 / 万篇	4.94
PCT 专利申请 / 件	4040
高技术产业占制造业出口比重	23.06%

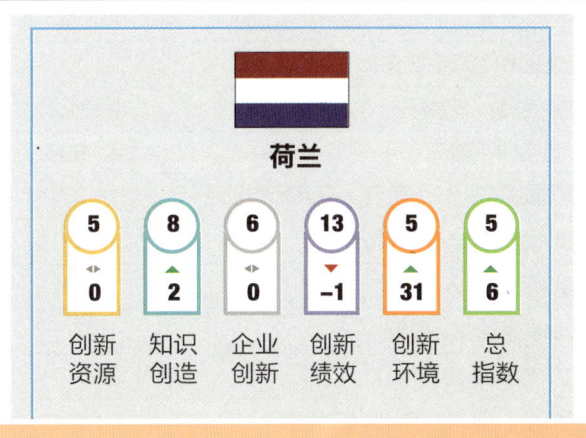

荷兰

指标	排名	变化
创新资源	5	0
知识创造	8	▲2
企业创新	6	0
创新绩效	13	▼−1
创新环境	5	▲31
总指数	5	▲6

创新资源 — 5

	得分	排名
1.1 研究与试验发展经费投入强度	43.8	15
1.2 研究与试验发展经费占世界比重	3.0	13
1.3 基础研究经费占全社会研发经费的比重	56.0	12
1.4 研究与试验发展人力投入强度	88.6	7
1.5 科技人力资源培养水平	61.0	10
1.6 世界大学排名 TOP 500 上榜高校平均得分	56.1	5

知识创造 — 8

	得分	排名
2.1 学术部门百万研究与试验发展经费科学论文被引次数	65.5	9
2.2 高被引论文数量占本国论文数的比重	74.1	6
2.3 工业增加值平均工业设计注册申请数	7.3	22
2.4 亿美元经济产出的发明专利授权数	11.3	11
2.5 有效专利数量占世界比重	1.3	12

企业创新 — 6

	得分	排名
3.1 企业研究与试验发展经费与增加值之比	31.2	14
3.2 企业研究人员占全社会研究人员比重	71.9	6
3.3 三方专利数占世界比重	5.9	9
3.4 万名企业研究人员 PCT 专利申请数	19.7	8
3.5 知识产权使用费收入占服务业出口额比重	90.8	3

创新绩效 — 13

	得分	排名
4.1 劳动生产率	53.1	15
4.2 单位能源消耗的经济产出	46.0	10
4.3 单位 CO_2 排放的经济产出	30.8	15
4.4 知识密集型服务业增加值占服务业增加值比重	26.1	18
4.5 高技术和中高技术产业增加值占制造业增加值比重	61.6	22
4.6 高技术产品出口额占世界比重	12.2	8

创新环境 — 5

	得分	排名
5.1 知识产权保护力度	93.4	4
5.2 政府规章对企业负担影响	80.5	7
5.3 营商环境指数	87.7	28
5.4 信息化发展水平	82.2	15
5.5 风险资本可获得性	83.7	9
5.6 亿美元 GDP 外商直接投资净流入	7.0	9
5.7 企业与大学研究与试验发展协作程度	95.7	5
5.8 创业文化	92.5	4

新西兰

2021 总指数排名 **21**

人口 / 万人	497.93
国土面积 / 万平方千米	27
GDP 总量 / 亿美元	2091.27
人均 GDP/ 美元	41 999.37
单位能耗产出 /（美元 / 千克标准油）	10.37
R&D 经费投入 / 亿美元	27.67
R&D 经费投入强度	1.35%
SCI 收录论文 / 万篇	1.27
PCT 专利申请 / 件	250
高技术产业占制造业出口比重	9.87%

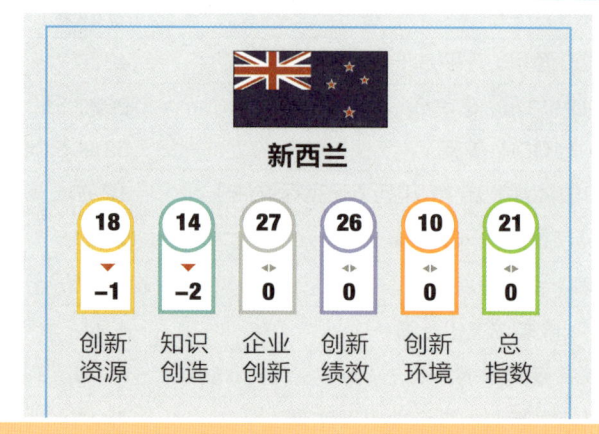

新西兰

	创新资源	知识创造	企业创新	创新绩效	创新环境	总指数
排名	18	14	27	26	10	21
变化	−1	−2	0	0	0	0

创新资源 18

	得分	排名
1.1 研究与试验发展经费投入强度	27.3	27
1.2 研究与试验发展经费占世界比重	0.4	33
1.3 基础研究经费占全社会研发经费的比重	57.3	11
1.4 研究与试验发展人力投入强度	69.3	19
1.5 科技人力资源培养水平	58.1	14
1.6 世界大学排名 TOP 500 上榜高校平均得分	41.7	20

知识创造 14

	得分	排名
2.1 学术部门百万研究与试验发展经费科学论文被引次数	69.9	6
2.2 高被引论文数量占本国论文数的比重	65.4	11
2.3 工业增加值平均工业设计注册申请数	8.0	17
2.4 亿美元经济产出的发明专利授权数	0.8	38
2.5 有效专利数量占世界比重	0.2	28

企业创新 27

	得分	排名
3.1 企业研究与试验发展经费与增加值之比	15.9	27
3.2 企业研究人员占全社会研究人员比重	35.4	32
3.3 三方专利数占世界比重	0.4	27
3.4 万名企业研究人员 PCT 专利申请数	9.5	26
3.5 知识产权使用费收入占服务业出口额比重	20.7	14

创新绩效 26

	得分	排名
4.1 劳动生产率	45.1	20
4.2 单位能源消耗的经济产出	37.4	18
4.3 单位 CO_2 排放的经济产出	33.0	12
4.4 知识密集型服务业增加值占服务业增加值比重	9.1	35
4.5 高技术和中高技术产业增加值占制造业增加值比重	36.2	31
4.6 高技术产品出口额占世界比重	0.1	38

创新环境 10

	得分	排名
5.1 知识产权保护力度	89.4	9
5.2 政府规章对企业负担影响	75.3	10
5.3 营商环境指数	100.0	1
5.4 信息化发展水平	83.7	13
5.5 风险资本可获得性	81.9	13
5.6 亿美元 GDP 外商直接投资净流入	2.5	28
5.7 企业与大学研究与试验发展协作程度	80.1	18
5.8 创业文化	86.4	8

挪威

人口 / 万人	534.79
国土面积 / 万平方千米	39
GDP 总量 / 亿美元	4055.10
人均 GDP / 美元	75 826.08
单位能耗产出 / (美元/千克标准油)	14.90
R&D 经费投入 / 亿美元	87.31
R&D 经费投入强度	2.15%
SCI 收录论文 / 万篇	1.81
PCT 专利申请 / 件	784
高技术产业占制造业出口比重	22.62%

2021 总指数排名 16

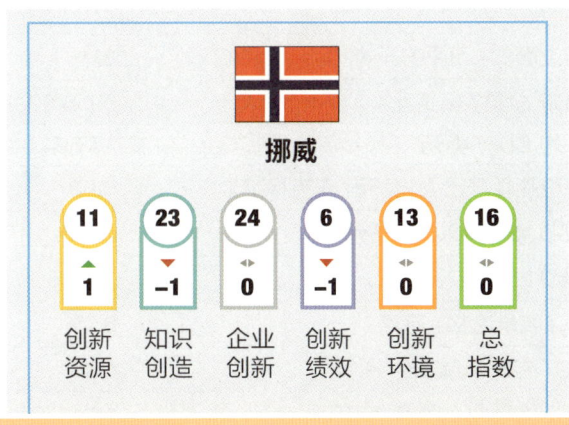

	得分	排名
创新资源		**11**
1.1 研究与试验发展经费投入强度	43.6	16
1.2 研究与试验发展经费占世界比重	1.3	22
1.3 基础研究经费占全社会研发经费的比重	41.2	25
1.4 研究与试验发展人力投入强度	87.4	8
1.5 科技人力资源培养水平	58.1	13
1.6 世界大学排名 TOP 500 上榜高校平均得分	43.3	18
知识创造		**23**
2.1 学术部门百万研究与试验发展经费科学论文被引次数	30.4	30
2.2 高被引论文数量占本国论文数的比重	66.1	10
2.3 工业增加值平均工业设计注册申请数	2.5	37
2.4 亿美元经济产出的发明专利授权数	4.8	20
2.5 有效专利数量占世界比重	0.3	23
企业创新		**24**
3.1 企业研究与试验发展经费与增加值之比	25.7	18
3.2 企业研究人员占全社会研究人员比重	49.9	22
3.3 三方专利数占世界比重	0.6	23
3.4 万名企业研究人员 PCT 专利申请数	15.2	17
3.5 知识产权使用费收入占服务业出口额比重	3.7	31

	得分	排名
创新绩效		**6**
4.1 劳动生产率	80.1	4
4.2 单位能源消耗的经济产出	53.8	6
4.3 单位 CO_2 排放的经济产出	59.6	4
4.4 知识密集型服务业增加值占服务业增加值比重	27.2	16
4.5 高技术和中高技术产业增加值占制造业增加值比重	52.3	26
4.6 高技术产品出口额占世界比重	0.6	30
创新环境		**13**
5.1 知识产权保护力度	83.9	19
5.2 政府规章对企业负担影响	70.4	17
5.3 营商环境指数	95.2	7
5.4 信息化发展水平	89.5	7
5.5 风险资本可获得性	74.6	17
5.6 亿美元 GDP 外商直接投资净流入	7.5	8
5.7 企业与大学研究与试验发展协作程度	82.4	17
5.8 创业文化	81.7	16

波兰

2021 总指数排名 31

人口 / 万人	3796.55
国土面积 / 万平方千米	31
GDP 总量 / 亿美元	5958.62
人均 GDP / 美元	15 694.84
单位能耗产出 / （美元 / 千克标准油）	5.80
R&D 经费投入 / 亿美元	78.88
R&D 经费投入强度	1.32%
SCI 收录论文 / 万篇	3.43
PCT 专利申请 / 件	367
高技术产业占制造业出口比重	10.11%

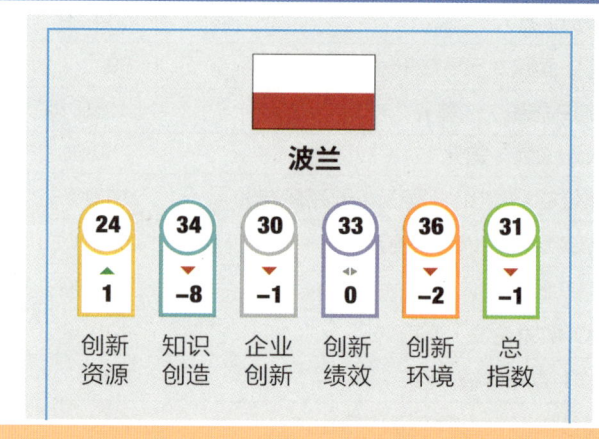

波兰

	创新资源	知识创造	企业创新	创新绩效	创新环境	总指数
排名	24	34	30	33	36	31
变化	▲1	▼−8	▼−1	◆0	▼−2	▼−1

创新资源 — 得分 / 排名：24

		得分	排名
1.1	研究与试验发展经费投入强度	26.8	28
1.2	研究与试验发展经费占世界比重	1.2	24
1.3	基础研究经费占全社会研发经费的比重	69.7	5
1.4	研究与试验发展人力投入强度	41.4	31
1.5	科技人力资源培养水平	48.0	23
1.6	世界大学排名 TOP 500 上榜高校平均得分	36.7	27

知识创造 — 34

		得分	排名
2.1	学术部门百万研究与试验发展经费科学论文被引次数	55.5	15
2.2	高被引论文数量占本国论文数的比重	27.4	35
2.3	工业增加值平均工业设计注册申请数	13.8	9
2.4	亿美元经济产出的发明专利授权数	9.3	16
2.5	有效专利数量占世界比重	0.9	14

企业创新 — 30

		得分	排名
3.1	企业研究与试验发展经费与增加值之比	16.1	26
3.2	企业研究人员占全社会研究人员比重	49.0	25
3.3	三方专利数占世界比重	0.5	24
3.4	万名企业研究人员 PCT 专利申请数	2.2	39
3.5	知识产权使用费收入占服务业出口额比重	4.1	30

创新绩效 — 33

		得分	排名
4.1	劳动生产率	20.4	30
4.2	单位能源消耗的经济产出	20.9	30
4.3	单位 CO_2 排放的经济产出	9.6	36
4.4	知识密集型服务业增加值占服务业增加值比重	26.7	17
4.5	高技术和中高技术产业增加值占制造业增加值比重	42.9	28
4.6	高技术产品出口额占世界比重	2.8	18

创新环境 — 36

		得分	排名
5.1	知识产权保护力度	63.0	34
5.2	政府规章对企业负担影响	52.8	31
5.3	营商环境指数	88.0	26
5.4	信息化发展水平	70.5	31
5.5	风险资本可获得性	55.5	35
5.6	亿美元 GDP 外商直接投资净流入	4.3	17
5.7	企业与大学研究与试验发展协作程度	56.6	38
5.8	创业文化	61.1	37

葡萄牙

2021 总指数排名 29

人口 / 万人	1028.63
国土面积 / 万平方千米	9
GDP 总量 / 亿美元	2395.11
人均 GDP/ 美元	23 284.53
单位能耗产出 /（美元 / 千克标准油）	10.84
R&D 经费投入 / 亿美元	33.49
R&D 经费投入强度	1.40%
SCI 收录论文 / 万篇	1.85
PCT 专利申请 / 件	196
高技术产业占制造业出口比重	6.94%

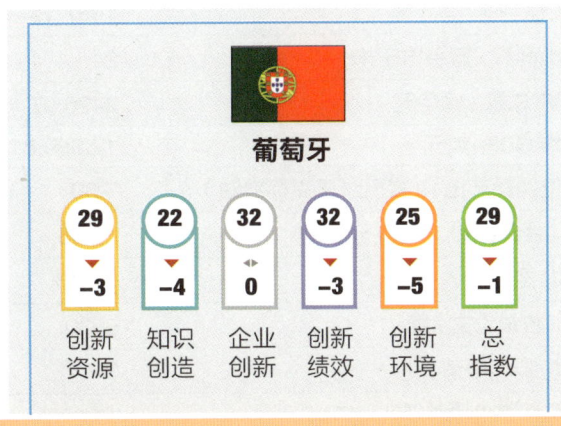

	创新资源	知识创造	企业创新	创新绩效	创新环境	总指数
排名	29	22	32	32	25	29
变化	−3	−4	0	−3	−5	−1

创新资源 — 29

	得分	排名
1.1 研究与试验发展经费投入强度	28.4	26
1.2 研究与试验发展经费占世界比重	0.5	31
1.3 基础研究经费占全社会研发经费的比重	49.8	16
1.4 研究与试验发展人力投入强度	57.3	24
1.5 科技人力资源培养水平	46.0	25
1.6 世界大学排名 TOP 500 上榜高校平均得分	32.1	32

知识创造 — 22

	得分	排名
2.1 学术部门百万研究与试验发展经费科学论文被引次数	74.9	5
2.2 高被引论文数量占本国论文数的比重	45.2	28
2.3 工业增加值平均工业设计注册申请数	10.3	10
2.4 亿美元经济产出的发明专利授权数	1.3	34
2.5 有效专利数量占世界比重	0.1	33

企业创新 — 32

	得分	排名
3.1 企业研究与试验发展经费与增加值之比	17.2	24
3.2 企业研究人员占全社会研究人员比重	39.2	29
3.3 三方专利数占世界比重	0.2	29
3.4 万名企业研究人员 PCT 专利申请数	3.5	33
3.5 知识产权使用费收入占服务业出口额比重	1.4	37

创新绩效 — 32

	得分	排名
4.1 劳动生产率	27.1	26
4.2 单位能源消耗的经济产出	39.1	16
4.3 单位 CO_2 排放的经济产出	24.8	20
4.4 知识密集型服务业增加值占服务业增加值比重	13.0	33
4.5 高技术和中高技术产业增加值占制造业增加值比重	32.0	35
4.6 高技术产品出口额占世界比重	0.5	33

创新环境 — 25

	得分	排名
5.1 知识产权保护力度	78.3	22
5.2 政府规章对企业负担影响	56.5	27
5.3 营商环境指数	88.1	24
5.4 信息化发展水平	76.7	21
5.5 风险资本可获得性	65.7	28
5.6 亿美元 GDP 外商直接投资净流入	7.7	6
5.7 企业与大学研究与试验发展协作程度	73.9	24
5.8 创业文化	67.3	28

罗马尼亚

2021 总指数排名 **34**

人口 / 万人	1937.16
国土面积 / 万平方千米	24
GDP 总量 / 亿美元	2496.97
人均 GDP / 美元	12 889.81
单位能耗产出 /（美元 / 千克标准油）	7.39
R&D 经费投入 / 亿美元	11.95
R&D 经费投入强度	0.48%
SCI 收录论文 / 篇	9630
PCT 专利申请 / 件	39
高技术产业占制造业出口比重	11.07%

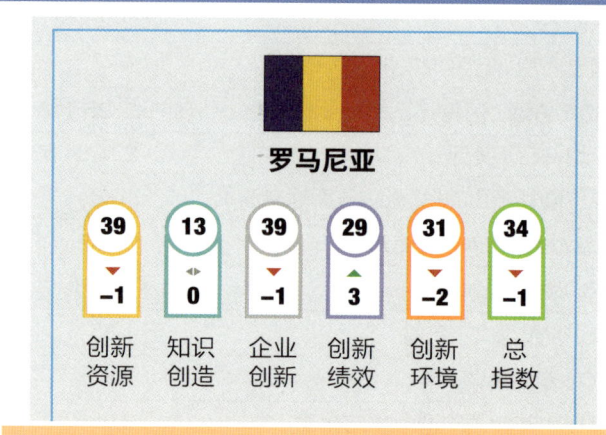

罗马尼亚

	创新资源	知识创造	企业创新	创新绩效	创新环境	总指数
排名	39	13	39	29	31	34
变化	−1	0	−1	3	−2	−1

创新资源 — 得分 / 排名：39

	得分	排名
1.1 研究与试验发展经费投入强度	9.7	39
1.2 研究与试验发展经费占世界比重	0.2	36
1.3 基础研究经费占全社会研发经费的比重	47.5	18
1.4 研究与试验发展人力投入强度	15.7	37
1.5 科技人力资源培养水平	35.7	33
1.6 世界大学排名 TOP 500 上榜高校平均得分	0.0	34

知识创造 — 13

	得分	排名
2.1 学术部门百万研究与试验发展经费科学论文被引次数	89.6	3
2.2 高被引论文数量占本国论文数的比重	49.8	24
2.3 工业增加值平均工业设计注册申请数	4.5	34
2.4 亿美元经济产出的发明专利授权数	2.5	26
2.5 有效专利数量占世界比重	0.1	31

企业创新 — 39

	得分	排名
3.1 企业研究与试验发展经费与增加值之比	5.5	37
3.2 企业研究人员占全社会研究人员比重	27.1	34
3.3 三方专利数占世界比重	0.1	35
3.4 万名企业研究人员 PCT 专利申请数	2.9	35
3.5 知识产权使用费收入占服务业出口额比重	1.6	35

创新绩效 — 29

	得分	排名
4.1 劳动生产率	16.2	33
4.2 单位能源消耗的经济产出	26.7	23
4.3 单位 CO_2 排放的经济产出	16.4	28
4.4 知识密集型服务业增加值占服务业增加值比重	39.3	5
4.5 高技术和中高技术产业增加值占制造业增加值比重	39.5	30
4.6 高技术产品出口额占世界比重	1.0	28

创新环境 — 31

	得分	排名
5.1 知识产权保护力度	71.7	26
5.2 政府规章对企业负担影响	54.8	29
5.3 营商环境指数	84.4	32
5.4 信息化发展水平	77.6	20
5.5 风险资本可获得性	50.6	37
5.6 亿美元 GDP 外商直接投资净流入	5.2	13
5.7 企业与大学研究与试验发展协作程度	60.5	34
5.8 创业文化	63.3	36

俄罗斯

人口 / 万人	14 440.63
国土面积 / 万平方千米	1708
GDP 总量 / 亿美元	16 874.49
人均 GDP / 美元	11 497.65
单位能耗产出 /（美元 / 千克标准油）	2.17
R&D 经费投入 / 亿美元	175.29
R&D 经费投入强度	1.03%
SCI 收录论文 / 万篇	4.34
PCT 专利申请 / 件	1181
高技术产业占制造业出口比重	13.00%

2021 总指数排名 **33**

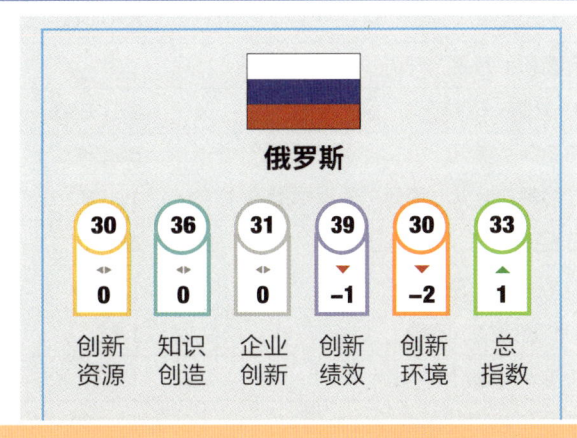

	得分	排名
创新资源		**30**
1.1 研究与试验发展经费投入强度	20.9	35
1.2 研究与试验发展经费占世界比重	2.7	16
1.3 基础研究经费占全社会研发经费的比重	35.2	28
1.4 研究与试验发展人力投入强度	50.1	28
1.5 科技人力资源培养水平	59.2	12
1.6 世界大学排名 TOP 500 上榜高校平均得分	37.1	26
知识创造		**36**
2.1 学术部门百万研究与试验发展经费科学论文被引次数	22.3	36
2.2 高被引论文数量占本国论文数的比重	23.1	38
2.3 工业增加值平均工业设计注册申请数	5.5	28
2.4 亿美元经济产出的发明专利授权数	21.0	5
2.5 有效专利数量占世界比重	9.8	7
企业创新		**31**
3.1 企业研究与试验发展经费与增加值之比	12.5	32
3.2 企业研究人员占全社会研究人员比重	49.0	24
3.3 三方专利数占世界比重	0.5	25
3.4 万名企业研究人员 PCT 专利申请数	2.1	40
3.5 知识产权使用费收入占服务业出口额比重	7.2	28

	得分	排名
创新绩效		**39**
4.1 劳动生产率	13.2	36
4.2 单位能源消耗的经济产出	7.8	40
4.3 单位 CO_2 排放的经济产出	5.3	39
4.4 知识密集型服务业增加值占服务业增加值比重	21.0	23
4.5 高技术和中高技术产业增加值占制造业增加值比重	34.7	33
4.6 高技术产品出口额占世界比重	1.5	24
创新环境		**30**
5.1 知识产权保护力度	58.7	39
5.2 政府规章对企业负担影响	59.0	25
5.3 营商环境指数	90.1	16
5.4 信息化发展水平	83.0	14
5.5 风险资本可获得性	52.7	36
5.6 亿美元 GDP 外商直接投资净流入	3.4	20
5.7 企业与大学研究与试验发展协作程度	66.7	30
5.8 创业文化	65.1	32

新加坡

2021 总指数排名 **10**

人口 / 万人	570.36
国土面积 / 万平方千米	714
GDP 总量 / 亿美元	3743.86
人均 GDP/ 美元	65 640.71
单位能耗产出 /（美元 / 千克标准油）	10.73
R&D 经费投入 / 亿美元	68.81
R&D 经费投入强度	1.84%
SCI 收录论文 / 万篇	1.68
PCT 专利申请 / 件	1159
高技术产业占制造业出口比重	52.13%

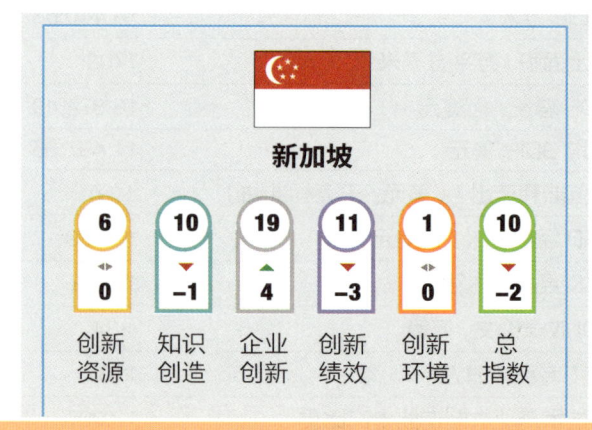

创新资源 — 6

	得分	排名
1.1 研究与试验发展经费投入强度	37.4	19
1.2 研究与试验发展经费占世界比重	1.0	26
1.3 基础研究经费占全社会研发经费的比重	55.9	13
1.4 研究与试验发展人力投入强度	75.3	15
1.5 科技人力资源培养水平	62.2	8
1.6 世界大学排名 TOP 500 上榜高校平均得分	70.0	1

知识创造 — 10

	得分	排名
2.1 学术部门百万研究与试验发展经费科学论文被引次数	51.9	13
2.2 高被引论文数量占本国论文数的比重	100.0	1
2.3 工业增加值平均工业设计注册申请数	4.1	35
2.4 亿美元经济产出的发明专利授权数	1.2	35
2.5 有效专利数量占世界比重	0.2	29

企业创新 — 19

	得分	排名
3.1 企业研究与试验发展经费与增加值之比	18.4	23
3.2 企业研究人员占全社会研究人员比重	52.6	18
3.3 三方专利数占世界比重	0.6	21
3.4 万名企业研究人员 PCT 专利申请数	19.5	9
3.5 知识产权使用费收入占服务业出口额比重	17.2	17

创新绩效 — 11

	得分	排名
4.1 劳动生产率	55.5	12
4.2 单位能源消耗的经济产出	38.7	17
4.3 单位 CO_2 排放的经济产出	40.4	9
4.4 知识密集型服务业增加值占服务业增加值比重	18.0	30
4.5 高技术和中高技术产业增加值占制造业增加值比重	78.8	11
4.6 高技术产品出口额占世界比重	16.9	6

创新环境 — 1

	得分	排名
5.1 知识产权保护力度	97.4	2
5.2 政府规章对企业负担影响	100.0	1
5.3 营商环境指数	99.3	2
5.4 信息化发展水平	93.8	3
5.5 风险资本可获得性	91.9	4
5.6 亿美元 GDP 外商直接投资净流入	57.1	2
5.7 企业与大学研究与试验发展协作程度	92.5	6
5.8 创业文化	84.5	12

斯洛伐克

2021 总指数排名
32

人口 / 万人	545.41
国土面积 / 万平方千米	5
GDP 总量 / 亿美元	1051.19
人均 GDP / 美元	19 273.25
单位能耗产出 /（美元 / 千克标准油）	5.37
R&D 经费投入 / 亿美元	8.69
R&D 经费投入强度	0.83%
SCI 收录论文 / 篇	4520
PCT 专利申请 / 件	42
高技术产业占制造业出口比重	9.91%

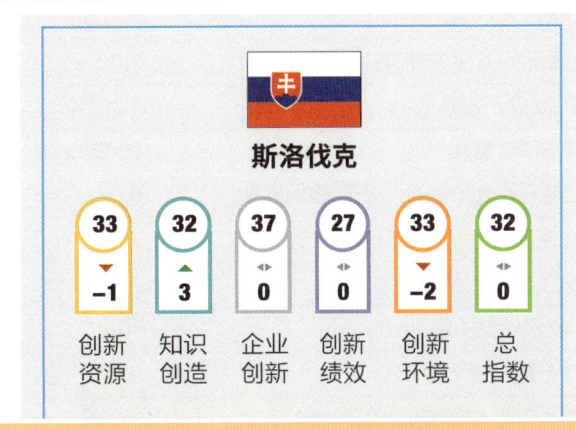

	得分	排名
创新资源		**33**
1.1 研究与试验发展经费投入强度	16.8	37
1.2 研究与试验发展经费占世界比重	0.1	38
1.3 基础研究经费占全社会研发经费的比重	93.7	2
1.4 研究与试验发展人力投入强度	37.3	32
1.5 科技人力资源培养水平	31.8	36
1.6 世界大学排名 TOP 500 上榜高校平均得分	0.0	34
知识创造		**32**
2.1 学术部门百万研究与试验发展经费科学论文被引次数	63.1	11
2.2 高被引论文数量占本国论文数的比重	39.7	31
2.3 工业增加值平均工业设计注册申请数	5.3	30
2.4 亿美元经济产出的发明专利授权数	1.7	33
2.5 有效专利数量占世界比重	0.0	37
企业创新		**37**
3.1 企业研究与试验发展经费与增加值之比	9.2	34
3.2 企业研究人员占全社会研究人员比重	25.4	37
3.3 三方专利数占世界比重	0.1	38
3.4 万名企业研究人员 PCT 专利申请数	3.4	34
3.5 知识产权使用费收入占服务业出口额比重	1.5	36

	得分	排名
创新绩效		**27**
4.1 劳动生产率	24.1	29
4.2 单位能源消耗的经济产出	19.4	33
4.3 单位 CO_2 排放的经济产出	16.3	29
4.4 知识密集型服务业增加值占服务业增加值比重	25.2	20
4.5 高技术和中高技术产业增加值占制造业增加值比重	65.4	20
4.6 高技术产品出口额占世界比重	1.1	27
创新环境		**33**
5.1 知识产权保护力度	66.3	32
5.2 政府规章对企业负担影响	43.6	38
5.3 营商环境指数	87.1	29
5.4 信息化发展水平	74.5	24
5.5 风险资本可获得性	69.1	24
5.6 亿美元 GDP 外商直接投资净流入	3.9	19
5.7 企业与大学研究与试验发展协作程度	55.3	39
5.8 创业文化	64.3	34

斯洛文尼亚

2021 总指数排名
28

人口 / 万人	208.84
国土面积 / 万平方千米	2.00
GDP 总量 / 亿美元	541.74
人均 GDP/ 美元	25 940.73
单位能耗产出 /（美元 / 千克标准油）	6.57
R&D 经费投入 / 亿美元	11.07
R&D 经费投入强度	2.04%
SCI 收录论文 / 篇	4685
PCT 专利申请 / 件	90
高技术产业占制造业出口比重	7.35%

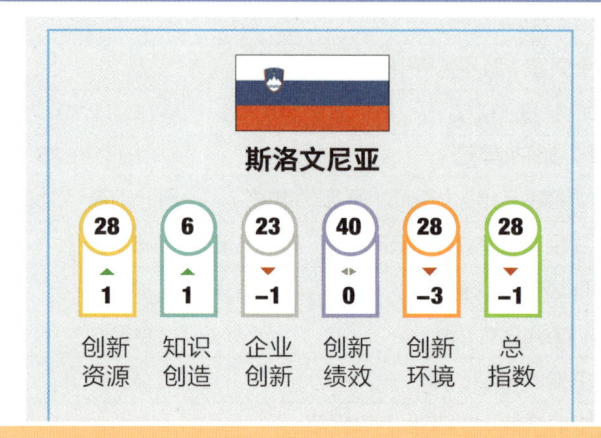

	得分	排名
创新资源		**28**
1.1 研究与试验发展经费投入强度	41.4	17
1.2 研究与试验发展经费占世界比重	0.2	37
1.3 基础研究经费占全社会研发经费的比重	43.0	22
1.4 研究与试验发展人力投入强度	78.0	14
1.5 科技人力资源培养水平	54.0	18
1.6 世界大学排名 TOP 500 上榜高校平均得分	0.0	34
知识创造		**6**
2.1 学术部门百万研究与试验发展经费科学论文被引次数	100.0	1
2.2 高被引论文数量占本国论文数的比重	57.5	20
2.3 工业增加值平均工业设计注册申请数	7.1	23
2.4 亿美元经济产出的发明专利授权数	9.6	14
2.5 有效专利数量占世界比重	0.1	32
企业创新		**23**
3.1 企业研究与试验发展经费与增加值之比	30.7	15
3.2 企业研究人员占全社会研究人员比重	62.1	10
3.3 三方专利数占世界比重	0.0	39
3.4 万名企业研究人员 PCT 专利申请数	4.8	29
3.5 知识产权使用费收入占服务业出口额比重	3.5	32

	得分	排名
创新绩效		**40**
4.1 劳动生产率	29.0	25
4.2 单位能源消耗的经济产出	23.7	26
4.3 单位 CO_2 排放的经济产出	19.6	24
4.4 知识密集型服务业增加值占服务业增加值比重	0.0	38
4.5 高技术和中高技术产业增加值占制造业增加值比重	0.0	38
4.6 高技术产品出口额占世界比重	0.3	34
创新环境		**28**
5.1 知识产权保护力度	72.8	25
5.2 政府规章对企业负担影响	47.5	36
5.3 营商环境指数	88.1	24
5.4 信息化发展水平	74.5	25
5.5 风险资本可获得性	62.6	31
5.6 亿美元 GDP 外商直接投资净流入	5.6	11
5.7 企业与大学研究与试验发展协作程度	69.1	28
5.8 创业文化	66.2	29

南非

2021 总指数排名 37

人口 / 万人	5855.83
国土面积 / 万平方千米	122
GDP 总量 / 亿美元	3514.32
人均 GDP/ 美元	6001.40
单位能耗产出 /（美元 / 千克标准油）	2.60
R&D 经费投入 / 亿美元	29.04
R&D 经费投入强度	0.83%
SCI 收录论文 / 万篇	1.77
PCT 专利申请 / 件	275
高技术产业占制造业出口比重	4.89%

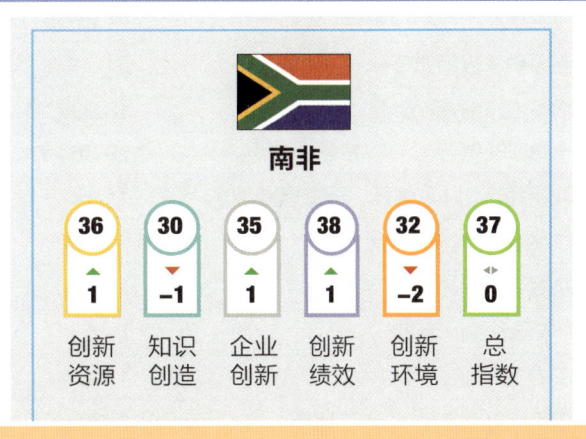

	得分	排名
创新资源		**36**
1.1 研究与试验发展经费投入强度	16.9	36
1.2 研究与试验发展经费占世界比重	0.4	32
1.3 基础研究经费占全社会研发经费的比重	61.9	7
1.4 研究与试验发展人力投入强度	7.0	38
1.5 科技人力资源培养水平	16.7	39
1.6 世界大学排名 TOP 500 上榜高校平均得分	32.1	31
知识创造		**30**
2.1 学术部门百万研究与试验发展经费科学论文被引次数	54.1	16
2.2 高被引论文数量占本国论文数的比重	47.2	26
2.3 工业增加值平均工业设计注册申请数	10.2	11
2.4 亿美元经济产出的发明专利授权数	3.4	23
2.5 有效专利数量占世界比重	0.5	20
企业创新		**35**
3.1 企业研究与试验发展经费与增加值之比	6.2	36
3.2 企业研究人员占全社会研究人员比重	19.0	39
3.3 三方专利数占世界比重	0.1	34
3.4 万名企业研究人员 PCT 专利申请数	17.1	13
3.5 知识产权使用费收入占服务业出口额比重	3.2	33

	得分	排名
创新绩效		**38**
4.1 劳动生产率	12.1	37
4.2 单位能源消耗的经济产出	9.4	39
4.3 单位 CO_2 排放的经济产出	4.3	40
4.4 知识密集型服务业增加值占服务业增加值比重	13.7	31
4.5 高技术和中高技术产业增加值占制造业增加值比重	44.3	27
4.6 高技术产品出口额占世界比重	0.3	35
创新环境		**32**
5.1 知识产权保护力度	71.4	27
5.2 政府规章对企业负担影响	55.2	28
5.3 营商环境指数	77.2	38
5.4 信息化发展水平	53.5	39
5.5 风险资本可获得性	58.3	33
5.6 亿美元 GDP 外商直接投资净流入	2.6	27
5.7 企业与大学研究与试验发展协作程度	75.0	23
5.8 创业文化	74.2	22

西班牙

2021 总指数排名 27

人口 / 万人	4713.35
国土面积 / 万平方千米	51
GDP 总量 / 亿美元	13 934.91
人均 GDP/ 美元	29 564.74
单位能耗产出 /（美元 / 千克标准油）	11.17
R&D 经费投入 / 亿美元	174.32
R&D 经费投入强度	1.25%
SCI 收录论文 / 万篇	7.15
PCT 专利申请 / 件	1495
高技术产业占制造业出口比重	6.86%

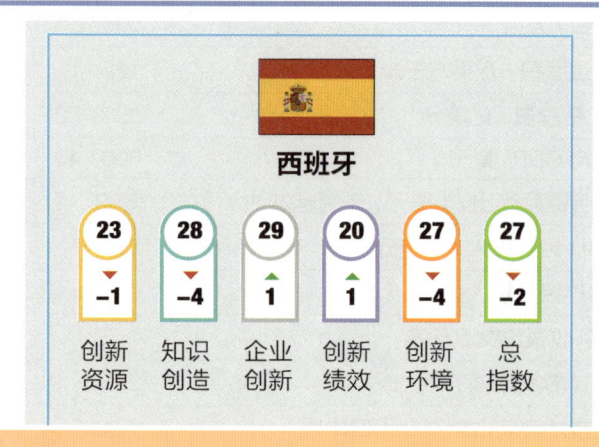

创新资源 — 23

	得分	排名
1.1 研究与试验发展经费投入强度	25.4	31
1.2 研究与试验发展经费占世界比重	2.7	17
1.3 基础研究经费占全社会研发经费的比重	49.0	17
1.4 研究与试验发展人力投入强度	47.1	30
1.5 科技人力资源培养水平	63.8	5
1.6 世界大学排名 TOP 500 上榜高校平均得分	38.5	25

知识创造 — 28

	得分	排名
2.1 学术部门百万研究与试验发展经费科学论文被引次数	60.7	12
2.2 高被引论文数量占本国论文数的比重	45.9	27
2.3 工业增加值平均工业设计注册申请数	9.0	15
2.4 亿美元经济产出的发明专利授权数	2.6	25
2.5 有效专利数量占世界比重	1.6	9

企业创新 — 29

	得分	排名
3.1 企业研究与试验发展经费与增加值之比	15.1	29
3.2 企业研究人员占全社会研究人员比重	39.0	30
3.3 三方专利数占世界比重	1.7	18
3.4 万名企业研究人员 PCT 专利申请数	9.3	27
3.5 知识产权使用费收入占服务业出口额比重	9.6	24

创新绩效 — 20

	得分	排名
4.1 劳动生产率	38.6	23
4.2 单位能源消耗的经济产出	40.3	15
4.3 单位 CO_2 排放的经济产出	28.0	19
4.4 知识密集型服务业增加值占服务业增加值比重	19.2	27
4.5 高技术和中高技术产业增加值占制造业增加值比重	67.7	18
4.6 高技术产品出口额占世界比重	2.1	22

创新环境 — 27

	得分	排名
5.1 知识产权保护力度	73.2	24
5.2 政府规章对企业负担影响	52.8	32
5.3 营商环境指数	89.7	18
5.4 信息化发展水平	84.2	11
5.5 风险资本可获得性	73.1	18
5.6 亿美元 GDP 外商直接投资净流入	1.9	31
5.7 企业与大学研究与试验发展协作程度	60.6	33
5.8 创业文化	63.9	35

瑞典

2021 总指数排名 **6**

人口 / 万人	1027.89
国土面积 / 万平方千米	45
GDP 总量 / 亿美元	5312.83
人均 GDP/ 美元	51 686.85
单位能耗产出 /（美元 / 千克标准油）	11.29
R&D 经费投入 / 亿美元	180.86
R&D 经费投入强度	3.40%
SCI 收录论文 / 万篇	3.47
PCT 专利申请 / 件	4201
高技术产业占制造业出口比重	14.38%

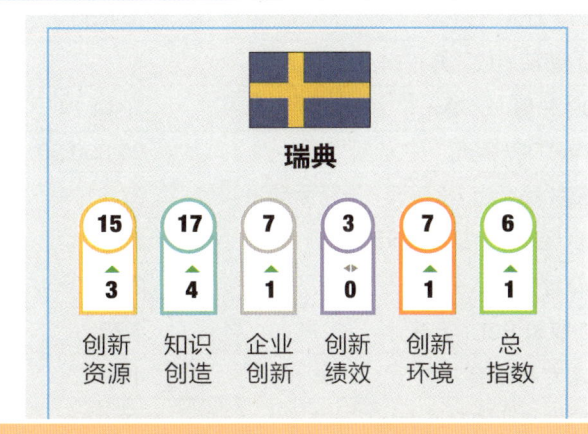

创新资源 — 15

	得分	排名
1.1 研究与试验发展经费投入强度	69.0	3
1.2 研究与试验发展经费占世界比重	2.8	15
1.3 基础研究经费占全社会研发经费的比重	0.0	34
1.4 研究与试验发展人力投入强度	85.1	9
1.5 科技人力资源培养水平	50.7	20
1.6 世界大学排名 TOP 500 上榜高校平均得分	53.9	9

知识创造 — 17

	得分	排名
2.1 学术部门百万研究与试验发展经费科学论文被引次数	52.0	18
2.2 高被引论文数量占本国论文数的比重	64.6	12
2.3 工业增加值平均工业设计注册申请数	6.8	24
2.4 亿美元经济产出的发明专利授权数	15.2	8
2.5 有效专利数量占世界比重	0.8	15

企业创新 — 7

	得分	排名
3.1 企业研究与试验发展经费与增加值之比	53.9	3
3.2 企业研究人员占全社会研究人员比重	73.1	5
3.3 三方专利数占世界比重	4.1	11
3.4 万名企业研究人员 PCT 专利申请数	25.8	4
3.5 知识产权使用费收入占服务业出口额比重	48.8	5

创新绩效 — 3

	得分	排名
4.1 劳动生产率	58.2	10
4.2 单位能源消耗的经济产出	40.7	13
4.3 单位 CO_2 排放的经济产出	78.6	2
4.4 知识密集型服务业增加值占服务业增加值比重	59.5	2
4.5 高技术和中高技术产业增加值占制造业增加值比重	86.0	5
4.6 高技术产品出口额占世界比重	2.5	20

创新环境 — 7

	得分	排名
5.1 知识产权保护力度	85.9	15
5.2 政府规章对企业负担影响	68.7	18
5.3 营商环境指数	94.5	8
5.4 信息化发展水平	94.6	2
5.5 风险资本可获得性	83.7	10
5.6 亿美元 GDP 外商直接投资净流入	5.5	12
5.7 企业与大学研究与试验发展协作程度	92.2	7
5.8 创业文化	93.2	3

瑞士

2021 总指数排名: 2

人口 / 万人	857.53
国土面积 / 万平方千米	4
GDP 总量 / 亿美元	7314.74
人均 GDP / 美元	85 300.35
单位能耗产出 /（美元 / 千克标准油）	27.71
R&D 经费投入 / 亿美元	223.94
R&D 经费投入强度	3.18%
SCI 收录论文 / 万篇	3.73
PCT 专利申请 / 件	4649
高技术产业占制造业出口比重	12.91%

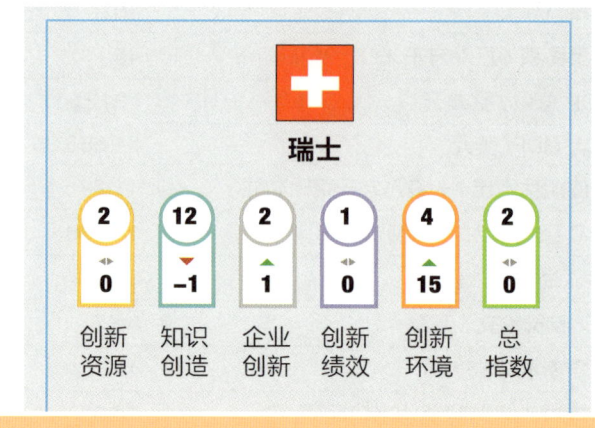

瑞士
- 创新资源: 2 / 0
- 知识创造: 12 / −1
- 企业创新: 2 / 1
- 创新绩效: 1 / 0
- 创新环境: 4 / 15
- 总指数: 2 / 0

创新资源 排名 2

指标	得分	排名
1.1 研究与试验发展经费投入强度	64.4	6
1.2 研究与试验发展经费占世界比重	3.4	12
1.3 基础研究经费占全社会研发经费的比重	100.0	1
1.4 研究与试验发展人力投入强度	91.4	3
1.5 科技人力资源培养水平	43.0	31
1.6 世界大学排名 TOP 500 上榜高校平均得分	64.0	2

知识创造 排名 12

指标	得分	排名
2.1 学术部门百万研究与试验发展经费科学论文被引次数	51.3	20
2.2 高被引论文数量占本国论文数的比重	79.6	5
2.3 工业增加值平均工业设计注册申请数	4.8	32
2.4 亿美元经济产出的发明专利授权数	12.3	10
2.5 有效专利数量占世界比重	1.5	10

企业创新 排名 2

指标	得分	排名
3.1 企业研究与试验发展经费与增加值之比	43.2	9
3.2 企业研究人员占全社会研究人员比重	50.8	21
3.3 三方专利数占世界比重	6.8	8
3.4 万名企业研究人员 PCT 专利申请数	69.1	2
3.5 知识产权使用费收入占服务业出口额比重	100.0	1

创新绩效 排名 1

指标	得分	排名
4.1 劳动生产率	80.6	3
4.2 单位能源消耗的经济产出	100.0	1
4.3 单位 CO_2 排放的经济产出	100.0	1
4.4 知识密集型服务业增加值占服务业增加值比重	28.2	14
4.5 高技术和中高技术产业增加值占制造业增加值比重	100.0	1
4.6 高技术产品出口额占世界比重	4.2	16

创新环境 排名 4

指标	得分	排名
5.1 知识产权保护力度	96.4	3
5.2 政府规章对企业负担影响	87.8	3
5.3 营商环境指数	88.2	23
5.4 信息化发展水平	84.6	9
5.5 风险资本可获得性	83.3	11
5.6 亿美元 GDP 外商直接投资净流入	9.0	4
5.7 企业与大学研究与试验发展协作程度	99.0	2
5.8 创业文化	84.8	11

土耳其

2021 总指数排名
35

人口 / 万人	8342.96
国土面积 / 万平方千米	78
GDP 总量 / 亿美元	7614.28
人均 GDP/ 美元	9126.59
单位能耗产出 /（美元 / 千克标准油）	5.18
R&D 经费投入 / 亿美元	80.99
R&D 经费投入强度	1.06%
SCI 收录论文 / 万篇	3.64
PCT 专利申请 / 件	1689
高技术产业占制造业出口比重	3.04%

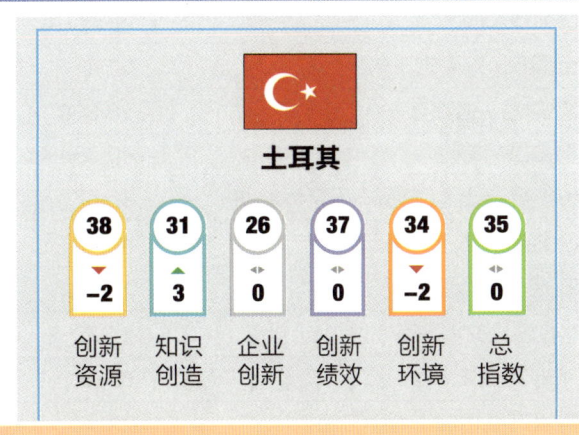

	创新资源	知识创造	企业创新	创新绩效	创新环境	总指数
排名	38	31	26	37	34	35
变化	-2	3	0	0	-2	0

创新资源　　　　　　　　　　　　得分　排名　38

		得分	排名
1.1	研究与试验发展经费投入强度	21.6	34
1.2	研究与试验发展经费占世界比重	1.2	23
1.3	基础研究经费占全社会研发经费的比重	0.0	34
1.4	研究与试验发展人力投入强度	21.0	34
1.5	科技人力资源培养水平	72.6	3
1.6	世界大学排名 TOP 500 上榜高校平均得分	0.0	34

知识创造　　　　　　　　　　　　　　　31

		得分	排名
2.1	学术部门百万研究与试验发展经费科学论文被引次数	44.7	25
2.2	高被引论文数量占本国论文数的比重	27.1	37
2.3	工业增加值平均工业设计注册申请数	35.5	4
2.4	亿美元经济产出的发明专利授权数	4.8	19
2.5	有效专利数量占世界比重	0.6	18

企业创新　　　　　　　　　　　　　　　26

		得分	排名
3.1	企业研究与试验发展经费与增加值之比	13.2	31
3.2	企业研究人员占全社会研究人员比重	63.1	9
3.3	三方专利数占世界比重	0.4	26
3.4	万名企业研究人员 PCT 专利申请数	6.9	28
3.5	知识产权使用费收入占服务业出口额比重	1.2	38

创新绩效　　　　　　　　　　　　　　　37

		得分	排名
4.1	劳动生产率	15.4	34
4.2	单位能源消耗的经济产出	18.7	34
4.3	单位 CO_2 排放的经济产出	9.6	35
4.4	知识密集型服务业增加值占服务业增加值比重	13.5	32
4.5	高技术和中高技术产业增加值占制造业增加值比重	30.6	36
4.6	高技术产品出口额占世界比重	0.6	32

创新环境　　　　　　　　　　　　　　　34

		得分	排名
5.1	知识产权保护力度	59.3	38
5.2	政府规章对企业负担影响	66.7	20
5.3	营商环境指数	88.5	20
5.4	信息化发展水平	62.3	37
5.5	风险资本可获得性	56.2	34
5.6	亿美元 GDP 外商直接投资净流入	2.2	30
5.7	企业与大学研究与试验发展协作程度	60.2	35
5.8	创业文化	66.1	31

英国

2021 总指数排名 **11**

人口 / 万人	6683.63
国土面积 / 万平方千米	24.4
GDP 总量 / 亿美元	28 308.14
人均 GDP/ 美元	42 354.41
单位能耗产出 /（美元 / 千克标准油）	16.57
R&D 经费投入 / 亿美元	497.07
R&D 经费投入强度	1.06%
SCI 收录论文 / 万篇	14.72
PCT 专利申请 / 件	5776
高技术产业占制造业出口比重	23.47%

	得分	排名
创新资源		**17**
1.1 研究与试验发展经费投入强度	35.6	21
1.2 研究与试验发展经费占世界比重	7.6	7
1.3 基础研究经费占全社会研发经费的比重	42.3	23
1.4 研究与试验发展人力投入强度	69.7	18
1.5 科技人力资源培养水平	43.0	30
1.6 世界大学排名 TOP 500 上榜高校平均得分	56.2	4
知识创造		**5**
2.1 学术部门百万研究与试验发展经费科学论文被引次数	69.0	8
2.2 高被引论文数量占本国论文数的比重	61.1	15
2.3 工业增加值平均工业设计注册申请数	45.3	3
2.4 亿美元经济产出的发明专利授权数	4.4	22
2.5 有效专利数量占世界比重	2.9	8
企业创新		**16**
3.1 企业研究与试验发展经费与增加值之比	26.5	17
3.2 企业研究人员占全社会研究人员比重	42.8	28
3.3 三方专利数占世界比重	9.2	7
3.4 万名企业研究人员 PCT 专利申请数	14.8	18
3.5 知识产权使用费收入占服务业出口额比重	26.6	9

	得分	排名
创新绩效		**10**
4.1 劳动生产率	48.4	18
4.2 单位能源消耗的经济产出	59.8	4
4.3 单位 CO_2 排放的经济产出	40.6	8
4.4 知识密集型服务业增加值占服务业增加值比重	28.9	13
4.5 高技术和中高技术产业增加值占制造业增加值比重	62.3	21
4.6 高技术产品出口额占世界比重	10.9	9
创新环境		**9**
5.1 知识产权保护力度	84.7	18
5.2 政府规章对企业负担影响	79.4	9
5.3 营商环境指数	96.2	6
5.4 信息化发展水平	78.6	19
5.5 风险资本可获得性	85.5	6
5.6 亿美元 GDP 外商直接投资净流入	0.1	34
5.7 企业与大学研究与试验发展协作程度	90.1	11
5.8 创业文化	85.4	10

美国

2021 总指数排名: 1

人口 / 万人	32 833.00
国土面积 / 万平方千米	937
GDP 总量 / 亿美元	214 332.25
人均 GDP/ 美元	65 279.53
单位能耗产出 / (美元/千克标准油)	9.68
R&D 经费投入 / 亿美元	6574.59
R&D 经费投入强度	3.07%
SCI 收录论文 / 万篇	46.98
PCT 专利申请 / 件	57 453
高技术产业占制造业出口比重	18.93%

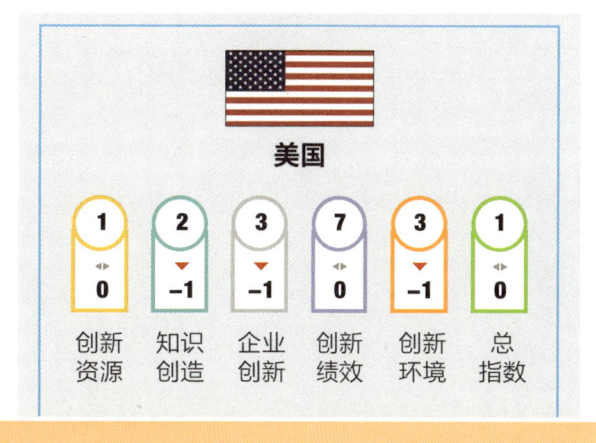

美国
- 创新资源: 1 (0)
- 知识创造: 2 (−1)
- 企业创新: 3 (−1)
- 创新绩效: 7 (0)
- 创新环境: 3 (−1)
- 总指数: 1 (0)

创新资源 排名 1

	得分	排名
1.1 研究与试验发展经费投入强度	62.2	8
1.2 研究与试验发展经费占世界比重	100.0	1
1.3 基础研究经费占全社会研发经费的比重	37.5	27
1.4 研究与试验发展人力投入强度	63.7	22
1.5 科技人力资源培养水平	61.8	9
1.6 世界大学排名 TOP 500 上榜高校平均得分	55.2	6

知识创造 排名 2

	得分	排名
2.1 学术部门百万研究与试验发展经费科学论文被引次数	31.1	37
2.2 高被引论文数量占本国论文数的比重	80.5	4
2.3 工业增加值平均工业设计注册申请数	7.6	18
2.4 亿美元经济产出的发明专利授权数	21.7	4
2.5 有效专利数量占世界比重	79.6	3

企业创新 排名 3

	得分	排名
3.1 企业研究与试验发展经费与增加值之比	48.9	4
3.2 企业研究人员占全社会研究人员比重	74.1	4
3.3 三方专利数占世界比重	68.4	2
3.4 万名企业研究人员 PCT 专利申请数	17.4	12
3.5 知识产权使用费收入占服务业出口额比重	59.0	4

创新绩效 排名 7

	得分	排名
4.1 劳动生产率	75.3	5
4.2 单位能源消耗的经济产出	34.9	21
4.3 单位 CO_2 排放的经济产出	21.1	23
4.4 知识密集型服务业增加值占服务业增加值比重	34.9	10
4.5 高技术和中高技术产业增加值占制造业增加值比重	84.5	7
4.6 高技术产品出口额占世界比重	21.8	3

创新环境 排名 3

	得分	排名
5.1 知识产权保护力度	87.2	11
5.2 政府规章对企业负担影响	81.7	5
5.3 营商环境指数	96.8	4
5.4 信息化发展水平	80.1	16
5.5 风险资本可获得性	100.0	1
5.6 亿美元 GDP 外商直接投资净流入	2.9	24
5.7 企业与大学研究与试验发展协作程度	97.1	4
5.8 创业文化	97.9	2

6 国家创新指数评价理论与方法

评价思路

指标体系

计算方法

国家创新指数报告 2021

评价思路

国家创新指数评价研究借鉴了国内外关于国家竞争力和创新评价的理论与方法。基于评价目的和创新型国家的概念内涵，从创新资源、知识创造、企业创新、创新绩效和创新环境5个方面构建了国家创新指数的指标体系，形成了一套比较完整的评价思路和方法。

1. 评价目的

国家创新指数评价研究有3个方面的目的。

一是构建规范的国家创新能力评价指标体系，形成科学的指标解释、计算方法和分析框架，并结合评价实践不断完善，为监测评价我国创新型国家建设进程提供理论支撑。

二是基于国家创新能力评价指标体系，测算世界各国国家创新指数，为了解全球科技创新形势、追踪创新版图动态演变提供参考。

三是通过国家创新能力测算，全面、客观、准确地反映中国国家创新能力在不同维度及创新链不同层面的特点，把握中国创新在世界中的位置，为我国建设创新型国家和科技强国、完善科技创新政策提供借鉴和服务。

2. 理论基础

国家创新指数的构建是以对创新本身的理解和对创新型国家的认识为基础的。

创新是在外部环境和政策制度影响下，涵盖从创新概念提出到研发、知识产出，再到商业化应用的完整过程，国家创新能力应体现在科技知识的产生、流动和商业化应用的整个过程及整个创新生态系统中。因此，应该从创新资源、知识创造、企业创新、创新绩效、创新环境整个创新链主要环节来构建指标，评价国家创新能力。世界主要创新能力评价报告，如世界知识产权组织的《全球创新指数》、欧盟的《欧洲创新记分牌》等，均涵盖了创新链的各个环节，采用综合指数方法，考察各国综合性的创新能力。

创新是世界各国，特别是大国持续稳定发展的根本动力。世界各国的科技进步往往与经济发展并驾齐驱。从统计数据看，在全世界200多个国家和地区中，R&D经费占GDP比重超过1%的国家和地区有38个，其人口总数不足全球的40%，但GDP总量占全球的80%以上。这说明经济大国的经济强弱主要取决于科技水平，而非人口资源和自然资源要素。虽然一些小国可以通过自然资源要素实现国家经济和国民财富的增长，但没有一个大国主要依赖自然资源要素而成为世界经济强国。中国作为一个大国，既没有过多资源可以出口，也不可能走经济依附型道路，以创新驱动发展、成为创新型国家并向科技强国迈进，成为必经之路。

综合世界主要竞争力和创新能力评价研究的结果，创新型国家最主要的特征是其经济社会发展方式与传统发展模式相比发生了根本变化。一个国家是否是创新型国家，取决于其经济社会发展是主要由传统的自然资源消耗和资本要素投入来驱动，还是主要由以知识创造、传播和应用为标志的创新活动来驱动。创新型国家应具备以下 5 个方面的能力：

① 具有较强的创新资源综合投入能力；
② 具有较强的知识创造、扩散和影响能力；
③ 具有较强的企业创新能力；
④ 具有较强的创新产出影响能力；
⑤ 具有良好的创新环境。

基于上述理论分析，本报告参考了世界主要创新能力和竞争力评价报告，从创新链各环节选取一级指标和相应的二级指标，形成国家创新指数指标体系，采用综合指数方法进行测算，从而对国家创新能力进行综合分析、比较与判断。

3. 指标选择原则

——**数据来源具有权威性**。基本数据必须来源于公认的国际组织机构和国家官方统计与调查。通过正规渠道定期搜集，确保基本数据的准确性、权威性、持续性和及时性。

——**评价对象具有代表性**。所选取的评价对象必须是科技资源投入与创新产出较大的国家，最终选取了世界上 40 个主要国家，其研发投入总量之和占全球的 95% 以上，GDP 产出占全球的 80% 以上。

——**指标具有国际可比性**。选取国际通用指标构建评价指标体系，指标内涵和数据统计口径与国际规范一致。

——**评价体系对于国家规模不敏感**。选取指标以相对指标为主，兼顾不同规模国家在创新投入产出效率、创新活动规模和创新领域广度上的不同特点。

——**定量测评与定性分析相结合**。既采用定量统计指标，也采用权威的、来源可靠的定性调查指标。

——**纵向分析与横向比较相结合**。既有横向的国际比较，也有纵向的年度变化分析。

此外，本报告在指标体系方面进行了较大调整，以更加突出新时期、新形势下创新质量、效益和未来发展潜力的重要性，指标选取上也考虑到与之前年度报告相比各国排名的相对稳定性。

指标体系

国家创新指数指标体系由创新资源、知识创造、企业创新、创新绩效和创新环境5个一级指标和30个二级指标组成。

创新资源： 反映国家对创新活动的资金投入力度和创新人才资源供给能力。

知识创造： 反映国家科学和知识产权的产出能力。

企业创新： 反映一国企业创新活动的强度、效率和效益。

创新绩效： 反映国家创新活动的经济和生态影响、驱动产业转型升级情况。

创新环境： 反映创新活动开展所依赖的市场、政策、制度、文化等外部软环境。

国家创新指数

1 创新资源
- 1.1 研究与试验发展经费投入强度
- 1.2 研究与试验发展经费占世界比重
- 1.3 基础研究经费占全社会研发经费的比重
- 1.4 研究与试验发展人力投入强度
- 1.5 科技人力资源培养水平
- 1.6 世界大学排名 TOP 500 上榜高校平均得分

2 知识创造
- 2.1 学术部门百万研究与试验发展经费科学论文被引次数
- 2.2 高被引论文数量占本国论文数的比重
- 2.3 工业增加值平均工业设计注册申请数
- 2.4 亿美元经济产出的发明专利授权数
- 2.5 有效专利数量占世界比重

3 企业创新
- 3.1 企业研究与试验发展经费与增加值之比
- 3.2 企业研究人员占全社会研究人员比重
- 3.3 三方专利数占世界比重
- 3.4 万名企业研究人员 PCT 专利申请数
- 3.5 知识产权使用费收入占服务业出口额比重

4 创新绩效
- 4.1 劳动生产率
- 4.2 单位能源消耗的经济产出
- 4.3 单位 CO_2 排放的经济产出
- 4.4 知识密集型服务业增加值占服务业增加值比重
- 4.5 高技术和中高技术产业增加值占制造业增加值比重
- 4.6 高技术产品出口额占世界比重

5 创新环境
- 5.1 知识产权保护力度
- 5.2 政府规章对企业负担影响
- 5.3 营商环境指数
- 5.4 信息化发展水平
- 5.5 风险资本可获得性
- 5.6 亿美元 GDP 外商直接投资净流入
- 5.7 企业与大学研究与试验发展协作程度
- 5.8 创业文化

计算方法

国家创新指数的计算采用国际上通用的标杆分析法。标杆分析法的原理是：对被评价的对象给出一个基准值，并以此标准去衡量所有被评价的对象，从而发现彼此之间的差距，给出排序结果。

1. 公式符号设定

$i = 1 \sim 40$ 示进行评价的 40 个国家。

$j = 1 \sim 5$ 表示 5 个一级指标。

每个一级指标 j 对应 K^j 个二级指标，即

$$\sum_{j=1}^{5} K^j = 30 \text{。}$$

其中，K^j 表示一级指标 j 中的第 K 个二级指标，在下述公式中简写为 K。

β_{jK} 表示二级指标在一级指标中的权重，w_j 表示一级指标在国家创新指数中的权重。在本报告中，合成指标均采用均值处理，即 $\beta_{jK} = 1$，$w_j = 1$。

2. 二级指标数据处理

对 40 个国家的 30 个二级指标原始值分别进行指标的无量纲归一化处理。无量纲化是为了消除多指标综合评价中，计量单位上的差异和指标数值的数量级、相对数形式的差别，解决指标的可综合性问题。

二级指标采用直线型无量纲化方法，即

$$y_{ijK} = \frac{x_{ijK} - \min x_{\cdot jK}}{\max x_{\cdot jK} - \min x_{\cdot jK}},$$

其中，y 表示无量纲化后的二级指标值，x 表示二级指标实际值。

3. 一级指标计算

由无量纲化后的二级指标合成一级指标 Y_{ij}：

$$Y_{ij} = \sum_{K=1}^{K^j} \beta_{jK} y_{ijK} \text{。}$$

一级指标得分 $\overline{Y}_{ij}$ 同样进行无量纲化：

$$\overline{Y}_{ij} = \frac{Y_{ij}}{\max Y_{\cdot j}} \times 100 \text{。}$$

4. 国家创新指数计算

计算国家创新指数，并据此给出 40 个国家的排序。

$$Y_i = \sum_{j=1}^{5} w_j \overline{Y}_{ij},$$

$$\overline{Y}_i = \frac{Y_i}{\max Y_{\cdot}} \text{。}$$

7 附 录

附录一　指标解释

附录二　数据来源

附录一
指标解释

1. 研究与试验发展经费投入强度
研究与试验发展（R&D）经费总额与国内生产总值（GDP）的比值，反映一国科技创新资金投入强度。

2. 研究与试验发展经费占世界比重
一国 R&D 经费总额（GERD）占全世界总量的比重，反映一个国家 R&D 活动的规模大小和创新资源投入能力。

3. 基础研究经费占全社会研发经费的比重
一国基础研究经费占全社会研发经费总额的比重，反映一个国家基础研究规模大小和原始创新能力。

4. 研究与试验发展人力投入强度
每万人口中 R&D 人员数，反映一国创新人力资源投入强度。

5. 科技人力资源培养水平
采用高等教育毛入学率，即 18~22 岁学龄人口中接受高等教育的比重，反映一个国家科技人力资源的培养与供给能力。

6. 世界大学排名 TOP 500 上榜高校平均得分
一国的综合排名进入世界大学排行榜前 500 强高校的平均得分，用来反映一个国家科技人才培养水平和人才吸引力。

7. 学术部门百万研究与试验发展经费科学论文被引次数
SCI 收录的一国高校和研究机构科学论文的引证数（5 年累计值）与 R&D 经费总额的比值，反映一国科技投入产出效率和知识产出质量。

8. 高被引论文数量占本国论文数的比重
一国发表的论文中，累计被引用次数进入各学科前 1% 的论文数与本国论文总量的比值，反映科学研究的产出质量和影响力。

9. 工业增加值平均工业设计注册申请数
一国工业设计注册申请数量除以工业增加值（以汇率折算的亿美元为单位），反映一国的技术创造活力。

10. 亿美元经济产出的发明专利授权数

一国的国内发明专利授权数量与 GDP（以汇率折算的亿美元为单位）的比值，反映一个国家自主创新能力和技术产出效率。

11. 有效专利数量占世界比重

一国拥有发明专利数量占世界总量的比重。有效专利是指本国人所拥有的仍处于有效状态的发明专利数量。反映一个国家企业技术储备规模和自主创新能力。

12. 企业研究与试验发展经费与增加值之比

一国企业部门研究与试验发展经费与工业增加值的比值，用来测度企业研发投入强度。

13. 企业研究人员占全社会研究人员比重

一国全部 R&D 研究人员中企业研究人员所占的比重，反映一国企业研发人力投入的能力和水平。

14. 三方专利数占世界比重

一国在全球三方专利总数中所占比重。三方专利指在欧洲专利局（EPO）、日本特许厅（JPO）及美国专利商标局（USPTO）都提出了申请的同一项发明专利。该指标用来衡量国家技术创新能力和国际竞争力。

15. 万名企业研究人员 PCT 专利申请数

一年内 PCT 专利申请总量与企业研发人员中研究人员之比，主要反映一国企业创新投入的效率和创新产出的质量及其技术国际竞争力。

16. 知识产权使用费收入占服务业出口额比重

一国知识产权使用费收入与服务业出口贸易额的比值，主要反映一国创新主体的市场竞争能力和知识产权能力。

17. 劳动生产率

一国的国内生产总值与就业人员数之比，反映创新活动对经济产出能力的作用。

18. 单位能源消耗的经济产出

一国 GDP 产出与能源消耗总量的比值，用来测度技术创新带来的能源消耗减少的效果，也反映一国经济增长的集约化水平。

19. 单位 CO_2 排放的经济产出

一国 CO_2 排放量与 GDP 产出的比值，用来反映一国发展中能源利用及相应碳排放的效益改进情况。

20. 知识密集型服务业增加值占服务业增加值比重

服务业中信息传输、软件和信息技术服务业，金融业，租赁和商务服务业，科学研究和技术服务业等行业的增加值占服务业增加值的比重，反映一国的知识密集型服务业发展水平，用来测度一国的知识经济产出和产业结构优化状况。

21. 高技术和中高技术产业增加值占制造业增加值比重

一国高技术和中高技术产业增加值与制造业增加值总额的比值，用来反映一国高技术产业的发展规模和水平。

22. 高技术产品出口额占世界比重

一国高技术产业出口占世界出口总额的比重，反映一国高技术产品国际竞争力和技术创新活动对改善经济结构的作用。

23. 知识产权保护力度

知识产权保护（1= 弱和不受法律保护，7= 强或得到法律保护）。

24. 政府规章对企业负担影响

政府发布的行政要求（准许、规定、报告等）给企业带来的负担（1= 负担很重，7= 没有负担）。

25. 营商环境指数

采用世界银行发布的《营商环境报告》中的营商环境容易度得分（0= 表现最差，100= 表现最好）。

26. 信息化发展水平

采用世界经济论坛发布的《全球竞争力报告》中的信息技术应用指数，反映一个国家在知识创造与传播扩散方面的信息化基础设施条件。

27. 风险资本可获得性

企业有风险的创新项目一般可以得到风险投资（1= 错，7= 对）。

28. 亿美元 GDP 外商直接投资净流入

一国外商直接投资净流入额与 GDP（以汇率折算的亿美元为单位）的比值，用来反映一个国家的投资政策环境。

29. 企业与大学研究与试验发展协作程度

企业与大学研究与试验发展合作（1= 基本没有合作，7= 非常密切合作）。

30. 创业文化

由对创业风险态度、企业管理层级结构、创新型企业发展状况、企业对颠覆性创意的接受程度等指标构成，综合反映社会创新创业文化（1= 最低水平，7= 最高水平）。

附录二
数据来源

[1] 世界银行，《世界发展指标 2020》。

[2] 经济合作与发展组织，《主要科技指标 2021—3》。

[3] 世界知识产权组织，《专利统计数据》。

[4] 世界经济论坛，《全球竞争力报告 2019》。

[5] 美国国家科学基金会，《科学与工程指标 2020》。

[6] 科睿唯安，《SCI 期刊文献检索数据库》。

[7] 中国科学技术信息研究所，《中国科技论文统计与分析》。

[8] 中国科学院文献情报中心。

[9] 国家统计局，《中国统计年鉴 2020》。

[10] 国家统计局、科学技术部，《中国科技统计年鉴 2020》。

[11] 国家统计局，《国民经济和社会发展统计公报》。

[12] 国家知识产权局，《专利统计年报》。

[13] 中国科学技术协会中国科普研究所。

[14] 科学技术部火炬高技术产业开发中心。

[15] 科学技术部相关驻外机构。